Ruediger Dahlke
Christoph Hornik

Die 4 Seiten der Medaille

Ruediger Dahlke
Christoph Hornik

Die 4 Seiten der Medaille

Eine einfache Methode,
um unsere wahre Mitte zu finden

Die »4 Seiten der Medaille« ist ein eingetragenes Markenzeichen von Christoph Hornik.

Dieses Buch ist auch als E-Book erhältlich.

Verlagsgruppe Random House FSC® N001967
Das für dieses Buch verwendete
FSC®-zertifizierte Papier *Munken Premium*
liefert Arctic Paper Munkedals AB, Schweden

1. Auflage
Originalausgabe
© 2015 Arkana, München
in der Verlagsgruppe Random House GmbH
Lektorat: Christine Stecher
Layout und Satz: Buch-Werkstatt GmbH, Bad Aibling
Umschlaggestaltung: Uno Werbeagentur, München
Umschlagmotiv: Getty Images/hitandrun; FinePic®,
MünchenFinePic®, München
Bildnachweis: S. 15, 28: © Ruediger Dahlke
Druck und Bindung: GGP Media GmbH, Pößneck
ISBN 978-3-442-34189-4

www.arkana-verlag.de

Dank

Mein besonderer Dank gilt Thorwald Dethlefsen für die zwölfjährige intensive Zusammenarbeit, in der das Schattenprinzip immer eine entscheidende Rolle gespielt hat. Auch möchte ich all jenen mutigen Therapeuten danken, die sich dem Schatten mit Hingabe widme(te)n wie Byron Katie und Debbie Ford, aber auch Margit Dahlke und unserem »alten« Therapeutenteam im Heil-Kunde-Zentrum Johanniskirchen. Margit Dahlke danke ich außerdem dafür, dass sie uns mit ihrem weitreichenden Verständnis der Lebensprinzipien zur Seite stand. Für das Lektorat dieses Buches sei Christine Stecher gedankt.

Meiner Partnerin Rita Fasel verdanke ich die hingebungsvolle Beschäftigung mit meinen persönlichen Schattenanteilen.

Ruediger Dahlke

Natürlich gebührt mein erster Dank Ruediger Dahlke, dessen Erfahrung und Bewusstheit in den dargestellten Themen mir inhaltlich Sicherheit gaben und der mir mit Nachsicht und Geduld erneut ein Feld gemeinsamer inspirierender Zusammenarbeit eröffnet hat.

Aus dem Trainerteam der Akademie Dahlke, in deren Wirkungsraum sich die Grundlagen der *4 Seiten der Medaille* offenbarten, möchte ich Michael Klenk hervorheben, der meinen Blick auf die allgegenwärtige Polarität um den Aspekt der konstruktiven und destruktiven Anteile jedes Poles maßgeblich erweitert hat. Dank Heike Poehling entstanden wichtige Seminarübungen zu den *4 Seiten der Medaille* – wie das in Teil 3 vorgestellte »Übersetzungsbüro«.

Eva Kristen begleitet mich seit geraumer Zeit in der Entwicklung und Umsetzung der Methode – inhaltlich wie auch organisatorisch, und ich bin ihr sehr zu Dank verpflichtet für ihre konstruktive Kritik.

Meiner Mutter Liesbeth Hornik danke ich, dass sie mich mit Ihrem journalistischen Sachverstand bei der Abfassung des Manuskripts tatkräftig unterstützt hat.

Mein großer Dank gilt dem Leben selbst und all seinen bunten Erscheinungsformen.

Christoph Hornik

Inhalt

Vorwort von Ruediger Dahlke 9

Teil 1
Spielregeln des Lebens – die Grundlagen 13
Sich mit der Welt auseinandersetzen 14
Sich der Regeln bedienen 29

Teil 2
Von den zwei zu den vier Seiten der Medaille 37
Polarität, vier Seiten, die eine Mitte und das Ganze 38
Sich auf den Weg machen 41

Teil 3
Mit den vier Seiten der Medaille arbeiten 57
Genau hinschauen 58
Selbstanwendung und Begleitung 61
Der Vier-Stufen-Prozess 64
Unterstützung bei der Selbsterforschung
und Gedankenklärung 94

Inhalt

Teil 4
Stressfelder im Privat- und Berufsleben
als Chance für Entwicklung und Wachstum 99

Desinteresse ∞ Interesse 103
Rücksichtslosigkeit ∞ Rücksichtnahme 112
Launenhaftigkeit ∞ Ausgeglichenheit 128
Egoismus ∞ Selbstlosigkeit 141
Unordnung ∞ Ordnung 154
Lustlosigkeit ∞ Lust 166
Misstrauen, Eifersucht ∞ Vertrauen 178
Maßlosigkeit ∞ Bescheidenheit 192
Härte, Strenge ∞ Weichheit, Milde 205
Ohnmacht ∞ Macht 219
Abseits stehen ∞ Zugehörig sein 229
Festhalten ∞ Loslassen 236
Im Entwicklungskreis 243

Anhang
Tetragramm-Kopiervorlage 246
Literatur 247
Adressen 252

Vorwort von Ruediger Dahlke

Als ich mit dem Buch *Die Schicksalsgesetze* den ersten Schritt getan hatte, um das spirituelle mit dem Weltbild der modernen Wissenschaft zu versöhnen und eine verlässliche Basis für Entwicklungsschritte zu schaffen, zeichnete sich eines rasch ab: Der entscheidende Schritt würde die Integration des Polaritätsgesetzes sein als des wichtigsten und schwierigsten der Schicksalsgesetze mit den sich daraus ergebenden Fallen von Schatten und Projektion. Dass das Buch *Die Schicksalsgesetze* mit den drei zugehörigen CDs zu einem Bestseller wurde, freute mich sehr, wunderte mich aber nicht wirklich. Als das darauffolgende *Schatten-Prinzip* dies ebenfalls schaffte, war ich jedoch mehr als verblüfft. Diesem schwierigen, unbequemen Thema hatte ich keine großen Chancen auf Mehrheitsfähigkeit eingeräumt. Doch die ermutigende Entwicklung zeigte, wie groß heute das Bedürfnis nach Tiefe bis in Schattenbereiche und nach echtem Verständnis ist. Das machte mir Mut zum dritten Schritt in Form eines über 700 Seiten starken Lehrbuches zu den *Lebensprinzipien*. Auch das bewährte sich. Als außerdem der Kinofilm *Schicksalsgesetze* herauskam, den ein früherer Seminarteilnehmer mit großem Aufwand finanziert und verwirklicht hatte, war ich sehr zufrieden und glücklich mit diesem, meinem bisher größten und grundlegendsten Projekt. Die Buchtrilogie bewährte sich als Grundlagenwerk zum spirituellen Weltbild und Weg sowie als Einführung in seine Theorie und Praxis; sie erweiterte den Horizont vieler (Sinn-)Sucher.

Es zeigte sich jedoch, dass am neuralgischen Punkt des *Schatten-Prinzips* immer noch Erklärungs- und praktischer Erweiterungsbedarf bestand, den der langjährige Weggefährte Christoph Hornik benannte und mit den *4 Seiten der Medaille* gemeinsam zu bearbeiten vorschlug. Schon diese Namensgebung allein verrät etwas von dem hohen Anspruch des Projektes.

Was ausgedrückt werden soll, wenn man von den »zwei Seiten der Medaille« spricht, versteht jeder, denn wir alle sind mit der Polarität konfrontiert, der Tatsache, dass jeder Aspekt dieser Welt aus einem Gegensatzpaar besteht. Dennoch hat das Polaritätsgesetz mit seinen Konsequenzen noch längst nicht Eingang in das alltägliche Beziehungs- und Geschäftsleben oder gar in die Politik gefunden. Der Grund dafür liegt in unserer Gewohnheit, uns auf eine Seite der Medaille zu fixieren. Dies führt bekanntermaßen rasch zur Schwarz-Weiß-Malerei mit all den Problemen fehlender Zwischentöne. Darunter haben wir wohl alle schon auf verschiedensten Ebenen gelitten. Vor diesem Hintergrund will dieses Buch dazu ermutigen, Einseitigkeit aufzuheben und den Blick entsprechend zu erweitern – und damit auch den eigenen Denk- und Handlungsspielraum. Sich damit zu begnügen, was nur auf einer Seite der Medaille zu finden ist, schränkt ein, und je mehr Sicherheit wir uns durch das Be- und Verharren auf der einen Seite der Medaille erhoffen, umso sicherer wendet sich die Medaille und zeigt uns ihre Kehrseite. Doch wir können noch einen Schritt weitergehen, denn die Polarität lässt sich viel besser erfassen, wenn wir nicht nur die beiden Seiten der Medaille berücksichtigen, sondern beide Gegenpole nochmals teilen in eine destruktive und eine konstruktive Seite. Und damit ist das Grundmodell der *4 Seiten der Medaille* schon vorgestellt.

Die *4 Seiten der Medaille* einzubeziehen dient dazu, mit den negativen und positiven Aspekten und Eigenschaften einer jeden Situation oder Sache besser umzugehen. Welcher Seite der Medaille man sich widmet, mit welcher man künftig sein Leben gestalten und jenes der anderen wahrnehmen möchte, ist eine Frage des erweiterten Blickwinkels, einer bewussten Wahl und letztlich eines sinnerfüllten, gelungenen Lebens.

Dieses Buch bietet erstens die Theorie zu den *4 Seiten der Medaille*. Sie beruht auf den Gesetzmäßigkeiten von Resonanz und Polarität sowie auf dem Wissen um Projektion, Verdrängung und Schatten. Zweitens beschreibt dieses Buch – auch mit Hilfe von vielen Beispielen – eine Methode, wie die erweiterte Sicht der Polarität ganz konkret zum Abbau von Stress und Spannung nutzbar wird und neue Handlungsfreiheit schenkt. Ein zuvor vorhandenes Gefühl von Ohnmacht, Wut oder Anspannung weicht zugunsten von Gelassenheit und einem Gefühl, wieder mehr in der eigenen Mitte zu sein. Fähigkeiten werden entdeckt, bei sich selbst und auch bei anderen. Das hat den wunderbaren Vorteil, dass damit Polarisierung und Projektion, die Hauptstolpersteine in Beziehungen aller Art, geradezu überflüssig werden. Eine wesentlich freudvollere Stimmung kann ins Leben einziehen, wenn zu jeder destruktiven auch eine konstruktive Ebene gefunden wird. Die Tatsache, dass konstruktive Ebenen ebenfalls eine destruktive Seite haben, tut der Aufbruchsstimmung überhaupt keinen Abbruch.

Teil 1

Spielregeln des Lebens – die Grundlagen

Die Anwendung der Methode der *4 Seiten der Medaille* benötigt nur wenige Vorkenntnisse. Der Erfolg ist nach unserer Erfahrung allerdings umso größer, je mehr man sich über einige Grundlagen der spirituellen Philosophie und Lebenspraxis klar ist. Schließlich geht es ja darum, diese Grundregeln im eigenen Leben konsequent zu beherzigen. Deshalb wollen wir im Folgenden ein Grundverständnis der beiden Gesetze der Resonanz und Polarität sowie der Phänomene Schatten und Projektion vermitteln. Wer sich bereits intensiv mit diesen Inhalten auseinandergesetzt hat, mag dieses erste Grundlagenkapitel überspringen, es nur kurz überfliegen oder es als Wiederholung und Auffrischung nutzen.

Sich mit der Welt auseinandersetzen

Wahrnehmung

Entgegen unserer Erwartung und Erziehung ist unsere Wahrnehmung nicht objektiv, sondern subjektiv, stets relativ und davon abhängig, was wir gewohnt sind und womit wir in Resonanz stehen. Ein einfaches Beispiel zur optischen Wahrnehmung vermag dies besser zu veranschaulichen als alle Theorie.

Sich mit der Welt auseinandersetzen

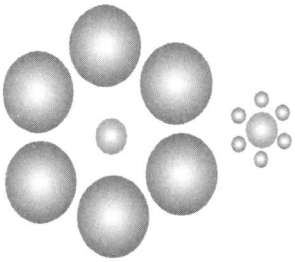

Wenn wir jeweils die mittlere Kugel ansehen und beide in ihrer Größe vergleichen, werden wir die rechte wahrscheinlich für größer halten als die linke. Es liegt aber nur daran, dass sie in ihrem Kreis von kleinen Kugeln im Vergleich größer wirkt als die linke in ihrem größer gestalteten Umfeld. Unsere Wahrnehmung ist also objektiv gesehen falsch und nur subjektiv richtig. Man denke auch nur daran, dass sich die Erde objektiv um die Sonne dreht, wir aber subjektiv von Sonnenauf- und -untergang sprechen, weil wir es nun einmal so sehen.

Unser Auge funktioniert wie eine Kamera, daher nehmen wir alles auf dem Kopf stehend wahr. Dies ist insofern unerheblich, als unsere Netzhaut sowieso keine Bilder empfängt, sondern nur Lichtreize, die – in elektrische Impulse umgeformt – über den Sehnerv in die Sehrinde im hinteren Teil des Gehirns weitergeleitet werden. Das Bild, das wir sehen, wird erst in der Sehrinde im Hinterkopf zusammengesetzt. Letzteres geschieht aber auch nicht objektiv und allein auf dem Boden der angelieferten elektrischen Impulse, sondern auf der Grundlage von früheren Seherfahrungen und von aktuellen geistigen Einstellungen und Programmierungen.

Ein Mensch hat demnach im Idealfall zwei gut synchronisierte Fotoapparate in Gestalt seiner Augen, die ihm dreidimensionale Bilder mit Tiefenschärfe von seiner Umwelt liefern. Je nach Vorerfahrungen sortiert er diese in das Fotoalbum seiner Seele, das mit der (Lebens-)Zeit immer voller wird. Er bewertet sie dabei als schön und wichtig oder im Gegenteil als hässlich und bedeutungslos – und diese Wertung ist selbstverständlich völlig subjektiv und wiederum von seinen Vorerfahrungen, dem »biografischen Rucksack«, und Resonanzen abhängig. Hier erkennen wir das klassische Problem von Zeugenaussagen: Viele sehen dieselbe Begebenheit, alle beschreiben sie anders. Auch bei einem abstrakten Bild kann ein Betrachter Schemen und Formen wahrnehmen, die er schon aus anderen Zusammenhängen kennt. Jemand anders sieht wahrscheinlich ganz andere Gebilde. Die Zeugen, Beobachter oder Betrachter legen gleichsam ihre bestehenden inneren Formen in das äußere Geschehen oder Bild hinein. »Wie innen, so außen« bedeutet in diesem Zusammenhang, dass an äußeren Bildern so lange gefiltert wird, bis sie in das eigene Weltbild passen. Folglich wird unsere gesamte Wahrnehmung, nicht nur das Sehen, zum geringeren Teil davon bestimmt, was da draußen in der Welt wirklich ist.

Wir sollten uns auch klarmachen, dass sogar das wissenschaftliche Messen auf Vergleichen oder Abgleichen mit Bestehendem beruht und relativ ist. Wer irgendeine Länge misst, tut das in den vielen Ländern, die sich auf das Dezimalsystem festgelegt haben, durch einen Vergleich mit dem Urmeter, dem aus Platin hergestellten Längenmaß, das bei Paris aufbewahrt wird. Seine Abmessung war ursprünglich eine subjektive Übereinkunft; anders gesagt, zur »objektiven« Maßeinheit wurde der Meter lediglich durch eine verbindliche Übereinkunft.

In unserer Wahrnehmung und in unserer Messtechnik geht es also um Vergleichen, und Objektivität ist auf diese Weise sowieso nicht zu erreichen. Nicht einmal Entfernungen und Zeitabschnitte sind objektiv messbar. Letztlich nehmen wir immer nur unsere eigene Wirklichkeit wahr. Und wenn wir gar nicht objektiv wahrnehmen können, wie sollten wir da den (Geistes-)Zustand unserer Mitmenschen objektiv ermessen können? Wie können wir objektiv richtige Aussagen über sie treffen? Es ist eine Illusion, objektive Urteile über andere fällen zu können; das sollten wir stets bedenken und niemals vergessen.

Wer die Wirklichkeit ändern will, muss seine Wahrnehmung von ihr ändern. Dies zu ermöglichen ist die Aufgabe dieses Buches.

Resonanz

Unter Resonanz (wortwörtlich: »zurückklingen«, widerhallen) ist ein Mitschwingen zu verstehen. Eine Gitarre, deren E-Saite wir anstimmen, wird die E-Saiten eines Klaviers, das sich im selben Raum befindet, zum Schwingen bringen. In ähnlicher Weise können wir auch auf anderer Ebene nur dann von etwas berührt werden und in Kontakt kommen – im Positiven wie im Negativen –, wenn wir in Resonanz dazu stehen. Das heißt, was uns begegnet – was wir erfahren, erleben, erleiden, was uns zustößt, uns umgibt und glücklich oder unglücklich macht –, hat definitiv mit uns zu tun. Und zweitens haben wir all das letztlich bewusst oder unbewusst, individuell oder kollektiv erschaffen und tun es in jeder Sekunde erneut. Je emotionaler wir darauf reagieren, je stärker es für uns mit Gefühlen aufgeladen ist, je mehr Stress es für uns erzeugt, desto mehr stecken wir darin, und desto mehr können wir auch daran lernen. Das Resonanzprinzip hat damit etwas radikal Ehrlichmachendes, wenn wir es wirklich als eines der herrschenden Prinzipien unseres Daseins anerkennen. Dies ist für die Mentalität des »Ich bin ein armes Opfer« pures Gift, aber letztlich eine ausgesprochen heilsame, wirksame Medizin.

Resonanz begegnet uns ständig, und wenn wir sagen »Vom Regen in die Traufe« beziehen wir uns ebenfalls genau darauf. Bestimmte Situationen oder menschliche Begegnungen wiederholen sich so lange, bis wir uns endlich des eigenen Anteils daran bewusst werden. Dieser Augenblick der Erkenntnis kann durchaus schmerzhaft und auch erschreckend sein, aber ab diesem Moment verfügen wir auch über unser großes Potenzial zur konstruktiven, selbstverantwortlichen Gestaltung und Handlungsfreiheit.

Das kann heißen, wenn jemand an einem Problem mit dem Partner oder Chef nicht lernt und es löst, wird es mit dem nächsten eben nicht besser, sondern schlimmer – offenbar weil das Schicksal, oder wie immer man die (Schul-)Leitung in der Lebensschule nennen will, niemanden aus der Verantwortung entlässt. Wer einmal durchfällt und im nächsten Jahr wieder nicht lernt, bekommt einfach mehr Druck.

Resonanz ist auch der Grund hinter Klagen wie: »Ich gerate immer wieder an denselben Typ.« Das passiert genau dann, wenn mit diesem Typ noch etwas zu lernen ist. Auch Beschwerden wie: »Immer habe ich solches Pech!« lassen sich mit dem Resonanzgesetz erklären. Siehe dazu auch *Das Buch der Widerstände,* das – statt Krankheitsbilder wie in *Krankheit als Symbol* – die alltäglichen Widrigkeiten und Widerstände deutet und bewussteren Lösungen zuführt.

Wo immer wir Widerstand entwickeln, haben wir negative Resonanz, wo wir begeistert sind positive. Wenn uns Negatives begegnet, bringt es uns in Resonanz mit unserer Schattenseite; wenn uns Positives begegnet, mit unserer Lichtseite und dem Teil von uns, der Erleuchtung und Befreiung erstrebt. Über beide Möglichkeiten können wir uns freuen, und mit beidem haben wir schon relativ viel Erfahrung. Zu Beginn einer Beziehung etwa spiegelt uns der Partner lauter wundervolle Seiten von uns selbst wider oder solche, die wir in uns ebenfalls verwirklichen wollen. Mit fortschreitender Zeit fängt er aber auch an, unsere Schattenseiten widerzuspiegeln, und liefert uns Chancen zur eigenen Schattentherapie. Ähnlich ist es bei beruflichen Beziehungen. Anfangs wird der Chef und seine Firma uns Entwicklungs- und Wachstumschancen widerspiegeln, also positive Resonanzen, die uns auf eine rosige Zukunft hoffen lassen. Mit der Zeit werden auch hier, wie in allen Beziehungen, Schatten hochkommen und auf Anerkennung drängen. Wer dieses Angebot annimmt, kann wachsen. Wer es aber verweigert und die Schatten-Resonanzen von sich weist und auf andere wie den Chef projiziert, wird nicht weiterkommen, aber zunehmend unzufrieden mit Gott und der Welt sein und die Schuld auf andere schieben. Er wird an der Polarität, der Welt der Zweiheit, immer mehr verzweifeln und sich von Einsicht wie auch Einheit immer weiter entfernen.

Differenzieren wir also genauer, mit wem oder was wir in Resonanz gehen. Es wird stets eigene, bereits angelegte innere Anteile stärker zum Schwingen bringen. Wir sind außerdem in der Lage, von der Schwingung starker positiver Felder zu profitieren; im Gegenteil können wir von negativen in Mitleidenschaft gezogen werden. Deshalb ist es sinnvoll, in der Wahl der Resonanzfelder Achtsamkeit walten zu lassen.

Polarität

Die Einheit ist der Ausgangspunkt aller Gesetzmäßigkeiten und Spielregeln, mit denen sich dieses Buch befasst. Doch lässt sie sich nicht in Worte fassen, denn sobald man über das Thema des All-Einen schreibt oder davon liest, kommt die subjektive menschliche Wahrnehmung ins Spiel, die stets der Polarität unterworfen ist. Das heißt, zu allem was wir denken, tun und fühlen, gibt es immer auch ein Gegenteil.

Warm und *kalt* ergeben als Polaritätspaar eine Einheit. Sie gehören zusammen, bedingen einander, könnten ohne einander nicht existieren. Denn wie sollte man Wärme empfinden können, ohne dass es Kälte gibt! Und unterschiedliche Wärmegrade sind – relativ gesehen – auch wieder als kälter oder wärmer zu beschreiben. Und Kältegrade sind in gleicher Weise als kälter oder wärmer spürbar. So verhält es sich in unserer polaren Welt tatsächlich mit allem, mit *weiblich* und *männlich*, *hell* und *dunkel*, *groß* und *klein* und so weiter. Natürlich hat auch die Erde selbst ihre beiden Pole; das Magnetfeld könnte ohne zwei gegensätzliche Pole nicht wirksam sein.

Wir vergessen trotzdem nur allzu gern, dass es jeweils zwei Seiten gibt, die sich vor dem Hintergrund der Einheit stets bedingen und damit prinzipiell gleichwertig sind. Wir neigen dazu, jenen Pol, der uns fremder ist, abzuwerten, auszuklammern oder ihn abzulehnen. Die Auswirkungen sind erheblich und reichen von einem unzufriedenen persönlichen Leben bis hin zu weltpolitischen Katastrophen. Um die eigenen Scheuklappen im Konfliktfall leichter ablegen zu können, müssen wir anerkennen, dass es in unserer Welt der Polarität oder Dualität das Destruktive an der Seite des Konstruktiven gibt. Man denke zum Beispiel nur an die vier Urelemente der Natur: Erde, Wasser, Feuer und Luft. Jedes der vier Elemente kann absolut destruktiv, also zerstörerisch und tödlich wirken, etwa in Form eines Großbrandes, Wirbelsturms, Tsunamis oder Erdbebens. Umgekehrt erfreuen uns dieselben vier Elemente mit der wohligen Wärme eines knisternden Kaminfeuers, mit einem erfrischenden Lufthauch, mit dem belebenden Schluck Quellwasser, mit einem Spaziergang auf weichem, würzig duftendem Waldboden.

Da offensichtlich alles aus der Einheit kommt, gibt es gleichzeitig eine Kraft, die wieder in die Einheit zurückführt und dorthin strebt. Diese Kraft sorgt auch für den Ausgleich der Polaritäten. Je mehr wir uns einem Pol zuwenden, umso mehr wird sich der andere Pol in irgendeiner Weise zeigen und auswirken. Der Ausgleich kann sehr schnell erfolgen oder sehr viel Zeit in Anspruch nehmen. Beispielsweise ist ein Land, in dem »Unglaube« mit der Todesstrafe geahndet wird, nicht in der Lage, den anderen Pol, also Atheismus oder Andersgläubigkeit, zu akzeptieren. Nun existieren diese aber, egal ob es Gott tatsächlich gibt oder nicht. Die Ausgrenzung, die meist auch kraftzehrend ist, führt zur Einseitigkeit, zum Ungleichgewicht. Und so muss irgendwann und auf irgendeine Weise der weggedrängte Pol zu seinem Recht kommen. Denn Systeme streben immer in Richtung eines Ausgleichs. In diesem Fall könnte es gut sein, dass die nicht gelebte Akzeptanz des Gegenpols zu schweren Auseinandersetzungen innerhalb des streng verteidigten bestehenden Glaubenssystems führt. Oder der Ausgleich vollzieht sich auf der Bühne des übergeordneten Systems, in unserem Beispiel in den Ländern der »Ungläubigen«. Generell haben wir es mit einem endlosen Prozess des Ausgleichs zu tun – ob im kleinen privaten oder großen politisch-gesellschaftlichen Rahmen –, der unsere Achtsamkeit erfordert.

Sobald wir den Gegenpol wahrgenommen, akzeptiert und idealerweise integriert haben, können innerer Frieden und Ausgeglichenheit entstehen – eine kleine Einheitserfahrung. Dieses Gefühl innerer Zentriertheit kann auch dann gut bestehen bleiben, wenn man sich bewusst nur einem der beiden Pole zuwendet, ohne den anderen zu verurteilen oder ihn grundsätzlich auszuschließen.

Der Wandel von heißer Liebe in kalten Hass ist das typischste Polaritätsdrama auf persönlicher Ebene. Wobei auf weltpolitischem Parkett beispielsweise das Drama großer Friedenspolitiker ebenfalls hierher gehört, die durch Gewalt ums Leben gekommen sind – von Mahatma Gandhi über Martin Luther King bis zu Jitzchak Rabin. Es sei auch nur an den ehemaligen US-Präsidenten George W. Bush erinnert, der das Gute durch den Kreuzzug gegen das Böse fördern und das Böse vernichten wollte und am Ende den Terrorismus versechsfacht hatte – ohne das selbst in der Rückschau zugeben zu können. Dies kann uns stellvertretend zeigen, wie schwer wir das Kind der Polarität, den Schatten, annehmen können. Aber wenn wir einen Teil der Wirklichkeit ignorieren oder zu verdrängen versuchen, wovon Kreuzzüge, Kriege, Bücherverbrennungen oder andere Vernichtungsfeldzüge zeugen, verschieben wir ihn in Schattenbereiche. Wobei diese Schattenzonen sich umso mehr vergrößern, je mehr die Wirklichkeit ignoriert und nicht bewusst akzeptiert wird. All diese Versuche, die Einheit zu übergehen oder, anders gesagt, die Gesetze der Polarität aus der Welt zu schaffen, werden zwar weitergehen, aber zukünftig genauso scheitern wie die bisherigen. Und dies bezieht sich zudem auch auf unsere eigene persönliche Entwicklung.

Schatten

In allem Bekämpften steckt letztlich Schatten. In jedem Krankheitsbild wird er deutlich, deshalb wird hier auch so leidenschaftlich ge- und bekämpft. Dabei lehren uns die Schicksalsgesetze, dass es für uns immer von Vorteil ist, all das, was uns widersteht und Widerstand auslöst, zu integrieren oder – im christlichen Sinne – zu lernen, unsere Feinde zu lieben.

C. G. Jung hat diesen Zusammenhang in die einfache Formel gebracht: *Ich + Schatten = Selbst*. Demnach gehört alles, womit ich mich identifiziere, wozu ich Ja sagen kann, zu meinem Ich oder Ego und alles, was ich nicht akzeptieren kann und bekämpfe oder am liebsten bekämpfen würde, zu meinem Schatten. So zählen zum Bereich des Schattens auch Talente, die ich nicht gefördert habe; Gaben und Fähigkeiten, die von mir vernachlässigt wurden und die darauf warten, entdeckt zu werden; Potenziale, die noch in mir schlummern. Je mehr ich mein Ego aufplustere und den Schatten vernachlässige, desto schlechter steht es um meine Selbst-Verwirklichung. Das schließt nach Jung auch die Entscheidung ein, ob man gut sein will oder ganz. *Gut* ist also nur die eine Hälfte, und *ganz* schließt den Schatten mit ein.

Der Schatten gehört zum Leben, und wir sollten ihn uns bewusst machen – wie in *Das Schatten-Prinzip* (siehe Literaturverzeichnis) beschrieben. Ohne den Schatten können wir weder Befreiung noch Erlösung finden. Die große diesbezüglich uninformierte Mehrheit geht aber den Weg, ihn auf sogenannte Schuldige oder Sündenböcke abzuladen, das heißt, ihn auf andere zu projizieren. Das führt zu Streit und zu kaltem oder heißem Krieg.

Projektion

Wenn Schattenaspekte ignoriert oder geleugnet werden, kommt es meist dazu, dass wir andere für das Unglück oder die Missstände in unserem Leben verantwortlich machen. Man nennt dies Projektion. Genauer gesagt verlagern wir unser eigenes Unvermögen oder auch unsere eigenen unerfüllten Wünsche auf eine andere Person, auf

Gruppen oder auf ganze Nationen. Vordergründig scheint die Projektion auf andere, das Wegschieben und Verdrängen von allem, was uns nicht passt, die einfachste Lösung zu sein. Wir brauchen uns dann kurzfristig nicht mit Unangenehmem auseinanderzusetzen und können uns eine Zeit lang einigeln.

Im Grunde suchen wir lieber einen Sündenbock, als selbst die Verantwortung zu übernehmen. Schuldzuweisung hat eine lange Geschichte. Schon immer glaubte man, dass mit einem Sündenbock das Böse und Schlechte bestens ver- und entsorgt sei. Doch diese Methode dürfte selbst in archaischer Zeit nur als bewusst eingesetztes Ritual funktioniert haben, bei dem tatsächlich ein Tier für die Rolle des Sündenbocks gewählt, schwer beladen und buchstäblich in die Wüste geschickt wurde.

Heute sind wir weit davon entfernt, dass ein Stellvertreter aus dem Tierreich einen unbequemen, problematischen Teil der Wirklichkeit übernimmt, diese Last (er-)trägt und wir ihm dafür danken. Wir projizieren ziemlich blindlings auf andere und halten dann unsere Sündenbock-Kandidaten für das eigentliche und wirkliche Problem. Geschichte und Weltpolitik liefern dafür genügend Anschauungsmaterial. Der Mechanismus der Projektion verstellt uns aber den Zugang zu echten Lösungen. Wir schieben schon fast routinemäßig Schuld auf diejenigen, die uns bewusst oder unbewusst einen Missstand oder Konflikt aufzeigen und widerspiegeln, statt die Verantwortung bei uns selbst zu erkennen. Die Methode der *4 Seiten der Medaille* bietet hier eine wunderbare Möglichkeit, um endlich aus der Falle der Projektionen auszusteigen.

Natürlich verwenden intellektuelle, wortgewandte Menschen viel differenziertere und schwerer zu durchschauende Projektionen als eine aufgeheizte Stammtischrunde. Auf dem persönlichen Entwicklungsweg bleibt es uns jedoch nicht erspart, letztlich alle Projektionen aufzulösen und zurückzunehmen, auch jene, die mit einer Fülle von nachträglich formulierten Erklärungen und Deutungen, sogenannten Rationalisierungen, abgesichert sind. In der (Lebens-)Praxis gehört es zum Schwersten, einfach nichts auf andere zu schieben, sondern sich immer an die eigene Nase zu fassen: Niemand ist schuld an meiner eigenen Misere – auch ich selbst nicht. Aber ich habe die ganze Verantwortung, etwas daran zu ändern, wenn ich das will und kann, genauso die Verantwortung, es anzunehmen, wenn Änderung nicht möglich ist. Und die große Chance ist zu lernen, das eine vom anderen zu unterscheiden – an dieser Weisheit aus den Gruppen der Anonymen Alkoholiker kommt niemand vorbei. Je früher im Leben wir sie akzeptieren, desto besser und desto glücklicher wird es uns gelingen.

Die Methode der *4 Seiten der Medaille* hat den Vorteil, die harten Gegensätze zu entschärfen und es so wesentlich leichter zu machen, die verschiedenen Seiten eines Vorwurfs, Konflikts oder Standpunkts anzunehmen. Nichts ist eben objektiv an unserer Wahrnehmung anderer, sondern immer mit unserer Resonanz, also mit uns selbst verbunden. Über die richtigen Fragen können wir stärker differenzieren, unseren Horizont erweitern und die Situation entspannen. Und nichts ist nur gut oder schlecht, es gibt immer noch mindestens zwei weitere Betrachtungsmöglichkeiten. Letzteres ist eigentlich die Anwendung des Tai-Chi-Symbols, bei dem im schwarzen Feld der weiße Punkt und im weißen Feld der schwarze Punkt zu finden ist. Die Gegensätze wirken nur so hart in den Extremen von Schwarz und Weiß.

Am Beispiel des Lichtes lässt sich dies noch besser verstehen. Da gibt es das volle weiße Licht, das wir eigentlich gar nicht sehen können, dessen Effekt wir nur wahrnehmen. Auf der anderen Seite haben wir die völlige Dunkelheit, Schwarz, als Fehlen allen Lichtes. Wenn wir nun das weiße Licht aufspalten, indem wir es durch ein Prisma schicken, bekommen wir die Farben des Regenbogens, die alle im weißen Licht enthalten waren, wenn auch unsichtbar. Diese Farben bilden wieder Gegensatzpaare, die sogenannten Komplementärfarben wie Rot und Grün. Die pflanzliche Natur nimmt sich jegliche rote Schwingung aus dem weißen Licht und erscheint uns so in der Komplementärfarbe Grün. Damit ist Grün, verglichen mit dem weißen Licht, ein Mangelzustand. Grün kommt nur dadurch zustande, dass ihm Rot fehlt. Immer wenn wir dem ganzen weißen Licht etwas wegnehmen, etwa die Schwingungsebene Gelb, entsteht eine andere (Komplementär-)Farbe, in diesem Fall Blau. Unsere Welt wird erst farbig und damit auch bunt und reizvoll, wenn ihr etwas fehlt zur Ganzheit. So ist es auch unsere Unvollkommenheit, unser Defizit im Hinblick auf die Ganzheit, die unser Leben so spannend erscheinen lässt. Spannung entsteht durch die Unausgewogenheit von zwei Kräften.

Sich der Regeln bedienen

Sobald Sie sich mit den Spielregeln des Lebens, den Schicksalsgesetzen, vertraut machen, wird Ihnen bewusst, dass es eine Welt ohne Gegensätze nicht gibt. Eigentlich erinnert jeder Atemzug daran. Solange Sie leben, folgt auf das Einatmen sein Gegenteil, das Ausatmen, und darauf unweigerlich Einatmen und so weiter. Beides ist unersetzlich und gleich wichtig; gemeinsam bilden Ein- und Ausatmen das Gesamte: das überlebenswichtige Atmen. Wann immer Sie drauf und dran sind zu vergessen, dass der Gegenpol gleichwertig ist, können Sie den Atem als eine Achtsamkeitsübung nutzen.

Doch nicht nur der Atem lehrt, dass es zu jedem Standpunkt und ebenso zu jeder Verhaltensweise einen Gegenpol geben muss. Andernfalls wäre die Welt nur halb. Der Frage, ob Ihr Standpunkt oder Ihr Verhalten im Gegenpol destruktiv oder doch auch konstruktiv ist, werden Sie mit Hilfe der *4 Seiten der Medaille* auf den Grund gehen können. Sie erkennen dann, dass es eine Form von Prävention ist, wenn Sie sich mit der inneren Zentrierung, mit dem Finden der Mitte zwischen Gegenpolen, beschäftigen. In gewisser Weise bedienen Sie sich dabei Ihrer Projektionen, denn durch sie werden jene problematischen Themen nach außen gebracht, die Sie in sich selbst noch nicht entdeckt haben, die aber für Ihre persönliche Entwicklung wichtig sind.

Überprüfen Sie doch gleich einmal, ob Sie tatsächlich bereit sind, diese Spielregeln zu akzeptieren. Davon ist schließlich maßgeblich abhängig, ob Sie die Methode der *4 Seiten der Medaille* mit Erfolg in Ihrem Alltag nutzen können. Fragen Sie sich ganz einfach: »Bin ich bereit, Verantwortung zu übernehmen?«

Das »Spiel des Lebens« ist im Grunde sehr einfach. Man erhält Aufgaben und Hinweise, wo Lernschritte anstehen. Diese kann man zwar ignorieren, aber der Preis dafür ist meist hoch. Zumindest ist es kein angenehmer Zustand zu blockieren, denn es bringt Sie aus der Balance. Je früher Sie Ihre Aufgaben wahrnehmen und tatkräftig anpacken, je mutiger Sie anschauen, was im Schatten liegt, und je mehr Sie dabei die entsprechenden Projektionen auflösen und wieder in Ihre Mitte finden, umso besser wird sich Ihr Leben daraufhin gestalten.

Es gibt einen bewusstseinsnahen Schatten. Damit sind all die inneren Konflikte gemeint, die sich ein wenig zeigen, die Sie aber noch nicht zuordnen, erfassen oder lösen können. Hier hilft die sogenannte negative emotionale Ladung weiter. Dazu zählt alles, was Sie aufregt, beunruhigt, ängstigt, Stress erzeugt oder Ekel, Abscheu, Widerwillen verursacht sowie jede Art von Widerstand. Negative emotionale Ladung ist ein untrüglicher Wegweiser zu einem Schattenthema. Sobald Sie solch eine Ladung spüren, können Sie sicher sein, dass ein notwendiger Entwicklungsschritt wartet. Dabei ist es unerheblich, ob der Auslöser für diese Ladung von außen kommt oder von innen. Eine Person, deren Verhalten Sie in Rage bringt, macht Ihnen ebenso diese negative Ladung bewusst wie etwas, das Sie an sich selbst massiv stört.

Wenn Sie die ganze Kraft, die Sie zum Wegschieben, Projizieren und Verdrängen benötigen, nun konstruktiv und sinnvoll einsetzen, kehrt sogleich und automatisch ein großes Maß an Gelassenheit und Frieden in Ihr Leben ein. Dies ist selbst dann noch der Fall, wenn weiterhin einiges an altem Ballast entsorgt werden muss.

Bei groben Eingriffen von außen, bei Übergriffen auf Leib und Leben werden Sie allerdings nicht sofort Ihren eigenen Anteil sehen wollen und es auch nicht immer können. Dieser psychologische Schutzmechanismus ist sinnvoll und belässt das Thema, somit auch den »Schuldigen«

oder »Leidbringenden«, zunächst außen vor. Die Resonanz, der innere Bezug zum »Übeltäter« oder zur »Übeltat«, besteht natürlich dennoch. Das trifft auch dann noch zu, falls der Auslöser eines Schmerzes oder Leids schon lange verstorben ist. Das Geschehen wirkt im Inneren nach und bleibt mit Ihnen in Resonanz. Es ist nicht entscheidend, ob im einzelnen Fall sogleich Art und Stärke der Resonanz erkannt werden. Wenn Sie sich mit Hilfe der *4 Seiten der Medaille* mit dem Thema zu beschäftigen beginnen, setzen Sie damit bereits einen inneren Entwicklungs- und Heilungsprozess in Gang.

Sobald Sie äußerlich Alternativen entdecken oder mit neuen Konzepten, Ideen und Menschen in Verbindung treten, ist es ein Zeichen dafür, dass Sie auch Ihre inneren Räume neu entdecken wollen. Es sind Räume, die Sie vielleicht bisher unter Verschluss gehalten haben, zum Beispiel Sichtweisen und Standpunkte, die Sie bisher nicht einnehmen konnten. Oder Sie entdecken Positionen, die Sie aufgeben können. Das alles bedeutet eine wirklich große Chance einer Öffnung, auch wenn dieser Schritt zunächst einmal verunsichern kann.

Damit verändert sich auch Ihr Wahrnehmungsfilter – immer vorausgesetzt, Sie sind dazu bereit, die Methode der *4 Seiten der Medaille* dazu zu nutzen, Sichtweisen bewusst zu erweitern und damit in eine neue Mitte zu gelangen. Stellen Sie sich vor, dass Ihre bisherige Wahrnehmung wie die schmalste Stelle einer Sanduhr beschaffen ist und die beiden sich oben und unten anschließenden Sandgefäße

Ihre Innen- und Außenwelt sind. Sie würden vom Inneren aus – durch die Verengung Ihrer bisherigen biografischen Muster hindurch – die Außenwelt eben nur verengt sehen. Dem Resonanzprinzip folgend wird dies unweigerlich mit einer Verengung im Inneren verbunden sein. Wenn Sie nun diese schmale Stelle erweitern, werden mehr innere Teile mit mehr äußeren Teilen in Resonanz gehen können und umgekehrt. Automatisch erweitert sich das Spektrum der für Sie zugänglichen und vertrauten inneren Anteile. Das heißt nichts anderes, als dass Sie sich und die Welt sukzessive besser kennen, achten, respektieren und im Idealfall auch lieben lernen.

Doch wie kann ein besonnen und strukturiert arbeitender Mensch das Chaos am Schreibtisch des Gegenübers als gleichwertig ansehen, wie eine mutige, weltoffene Frau die kleingeistige Ignoranz ihrer Nachbarin? Oder wie ein flexibler, sich spontan für Ziel und Zeitpunkt entscheidender Reisender die monatelange penible Vorausplanung seines Begleiters?

Die eigene Haltung mit Hilfe der *4 Seiten der Medaille* zu korrigieren heißt natürlich keineswegs, standpunktlos oder schwammig zu werden oder gar den anderen Pol von nun an real leben zu müssen. Jeder Mensch besitzt individuelle Anlagen, Prägungen, Eigenschaften und Wertvorstellungen, was sich detailliert auf der Achse der Polaritäten abbilden ließe. Auf der Skala »Chaos – Ordnung« wären beispielsweise sowohl der Pedant als auch der gut Strukturierte auf der Seite der Ordnung zu finden.

Ob all die Facetten eines Menschen sich in harmonischer Weise darstellen, hängt davon ab, wie sehr die eigenen inneren Anteile und Gewichtungen gelebt werden, wie sehr man sie anerkennt und sich bewusst macht. Menschen, die zudem ihr Bewusstsein sehr gut über die eine Seite des Pols hinaus zur anderen Seite des Pols hin weiten können, sind auch mit ihren eigenen Anteilen im Reinen und können diese schätzen und konstruktiv nutzen. Jedenfalls besteht die Chance, gerade durch das Andere viel Anregung zu gewinnen und Bereicherung zu erfahren.

Die Beschäftigung mit Polaritäten erweist sich als ausgesprochen nützlich, mit sich selbst im Ganzen ins Reine zu kommen und Selbstachtung und Selbstliebe zu entwickeln. Über den Weg der Resonanz gelangen Sie zunehmend in ein entsprechend förderliches Umfeld und können ein konstruktives Miteinander aufbauen, ohne dabei eigene Überzeugungen und Werte aufzugeben. Es geht darum, Ihr Bewusstsein dahingehend zu weiten, dass der andere Pol, der andere Standpunkt, die andere Art zu leben, ebenso existent, wichtig, wertvoll ist und beide Pole zusammen erst das Ganze ergeben.

Das Grundmodell der »4 Seiten der Medaille«
- Wir stehen zu allem um uns herum in Resonanz. Unsere Umgebung ist unser Spiegel. Ein Thema, das für uns spürbar emotional aufgeladen ist, hat mit uns zu tun und fordert uns auf, Entwicklungsschritte zu gehen.

- Die differenzierte Auseinandersetzung mit der Polarität zeigt den Weg zu Erkenntnis und Erweiterung der Sichtweise in diesem Themenbereich.
- Die anschließende Integration des Erkannten führt zu ganzheitlicher Bewusstwerdung.
- Bewusstwerdung führt zu Entspannung und Freude und zur sinnvollen Nutzung zuvor nicht verfügbarer Kräfte und Energie.

Zum Thema persönlicher Entwicklung sei noch anzufügen, dass sie natürlich nicht allein aufgrund von leidvollem Druck vorankommt, sondern durchaus auch durch den Sog, der von einem freudig angestrebten Ziel ausgeht. Bei der Methode der *4 Seiten der Medaille* sind beide Möglichkeiten von Entwicklungsimpulsen bedacht.

Teil 2

Von den zwei zu den vier Seiten der Medaille

Polarität, vier Seiten, die eine Mitte und das Ganze

Menschen haben immer Orientierung gesucht, in frühester Zeit geschah dies vor allem in der Ausrichtung auf den Osten, wo am Morgen mit der aufgehenden Sonne das Licht wiederkehrt. Und die Sonne bringt am Ende des Tages mit ihrem Verschwinden im Westen sogleich die Polarität ins Spiel.

Aus dem elementaren Naturschauspiel des sich im großen Bogen über das Himmelszelt ziehenden Lichtballs ergibt sich das Urmuster des Kreises. Er entsteht, wenn man den am Tag sichtbaren Sonnenlauf über den Himmel auf der nachtdunklen Schattenseite ergänzt. So haben es die alten Ägypter in ihrem Sonnenmythos besungen, in dem die Sonne auf ihrer Barke in jeder Nacht durch die Schattenwelt zurück zu ihrem Ausgangspunkt reist. Dasselbe Bild greift der Mythos der Antike auf mit der sich in den Schwanz beißenden Schlange (Uroboros), die den ewigen Kreislauf symbolisiert. Es sollte noch viele Jahrhunderte dauern, bis Gelehrte die Erde im wissenschaftlichen Sinn als Kugel erkannten.

Der Kreis war immer das Muster des Entwicklungsweges. Nordamerikanische Indianer bilden ihn traditionell in ihrem Medizinrad ab, in dem auch die vier Himmelsrichtungen vertreten sind. Dass die frühen indianischen

Völker das Wagenrad dennoch nicht erfanden, zeigt, wo ihr Interessenschwerpunkt lag: in der Entwicklung zu höheren Zielen und der Kommunikation und der Austausch mit geistigen Welten, jedenfalls nicht in alltäglicher praktischer Anwendung.

Seit den Sumerern ist der Tierkreis ein Symbol menschlicher Entwicklung und spiegelt sich im Entwicklungskreis mit seinen vier Quadranten wider, dem ersten für den Körper, dem zweiten für die Seele, dem dritten für das Du und dem vierten für das Kollektive, die Allgemeinheit.

Wie zeitlos diese Vierer-Symbolik ist, zeigt uns auch die jüdische Kabbala mit dem Tetragrammaton, den vier Konsonanten JHWH als Namen Gottes (Jahve). Da Gott für Einheit und damit für das Eine und das All steht, ist auch die Symbolik ganz identisch.

In moderner Zeit beschäftigte sich Martin Heidegger mit einem Vier-Quadranten-Modell und verankerte es als Grundmuster in der Philosophie; Jean Gebser gab ihm als erster moderner Denker auch eine spirituelle Dimension. Ken Wilber entwickelte daraus sein integrales Weltbild. Tatsächlich ist im Entwicklungskreis mit seinen vier Quadranten bereits alles enthalten.

Bezogen auf den Entwicklungskreis der spirituellen Philosophie hat Paul Watzlawik, der österreichische Philosoph, Kommunikationswissenschaftler und Psychotherapeut, die Achse von erstem Quadranten (Körper) und drittem Quadranten (Beziehung oder Du) beschrieben. Er legte dar, dass jede Aussage unter einem Inhaltsaspekt und einem Beziehungsaspekt gesehen werden kann. Der Kommunikationspsychologe Friedemann Schulz von Thun erweiterte diese Betrachtung um ein weiteres Polaritätspaar und entwickelte sein Vier-Seiten-Modell (auch Vier-Ohren-Modell genannt) zur Bearbeitung und Lösung gestörter zwischenmenschlicher Kommunikation. Er baute damit vor allem auch auf der Arbeit zu einem Wertequadrat auf, das der Philosoph und Psychologe Paul Helwig in seinem Buch *Charakterologie* beschrieben hatte. Helwig stellte hier bereits die gegenpoligen Eigenschaften in ihren jeweils konstruktiven und destruktiven Ausformungen dar, was uns im Folgenden mit den *4 Seiten der Medaille* noch intensiv beschäftigen wird.

Der Kreis erinnert uns an unsere Mitte; er ist sozusagen ein aufgeblasener und in der zweiten Dimension angekommener (*Mittel-*)Punkt. Das noch bessere Modell für unser Anliegen ist die Kugel, die den »aufgeblasenen« *Mittel*punkt in die dritte Dimension des Raumes bringt. Sowohl im Kreis als auch in der Kugel lassen sich die vier Himmelsrichtungen oder auch die vier Quadranten finden. Außerdem können wir auf dem Kreis- und genauso Kugelumfang jederzeit den Gegenpol bestimmen, indem wir eine Achse durch die Mitte legen. Auf dieser Achse gibt es unendlich viele Punkte, aber nur eine Mitte, und nur durch die Mitte gelangen wir zum Gegenpol und werden der Polarität gerecht. Das heißt, es gibt nach dem Polaritätsgesetz zu allem stets einen Gegenpol, und auf dem Weg zu ihm müssen wir immer die Mitte passieren.

Die unterschiedlichsten Punkte liegen auf dem Kreis oft nahe beieinander und sind häufig gar nicht so präzise voneinander abzugrenzen. Auf dem Weg durch die Mitte hindurch klären sie sich und werden in ihrem Gegenpol deutlicher. Denn begreifen können wir, wie gesagt, letztlich immer nur durch die Polarität. Auf der Peripherie von Kreis oder Kugel ist also stets eine gewisse Unschärfe vorhanden. Dies kann uns vor Augen führen, dass die Dinge fließend ineinander übergehen, wir nicht um Definitionen streiten müssen und wir alles durchaus individuell unterschiedlich wahr- und wichtig nehmen können. Doch der Weg durch die Mitte, um die andere Seite (der Medaille) wahrzunehmen, hilft uns, Klarheit zu gewinnen. Eindeutigkeit gibt es immer nur in der Mitte, die alles enthält.

Sich auf den Weg machen

Bei den 4 *Seiten der Medaille* nutzen wir die Tatsache, dass es nicht nur einen einzigen Gegenpol gibt. Wir können nicht nur in Opposition zu jemandem stehen, sondern auch mit ihm *über Kreuz sein*. Durch den direkten Gegenpol werden Schattenthemen meist sofort deutlich, aber das, womit wir über Kreuz sind, enthüllt noch mehr und manchmal tiefere Schattenaspekte. So lässt sich mit einem Opponenten wegen der vielen eindeutigen Angriffspunkte gut streiten. Ist man aber mit einem Freund über Kreuz, kann die Kommunikation abbrechen, und es kommt zu keiner Lösung. In solch einer Situation wird mit der Methode der 4 *Seiten der Medaille* die eigene Handlungsfähigkeit gestärkt, da neben dem eigenen Standpunkt und dem des Opponenten noch zwei weitere Seiten einbezogen werden. Diese sind einem oft am wenigsten bewusst und stellen einen individuellen Schattenbereich dar, was auch im Horoskop, das einen Entwicklungsplan der betreffenden Person widerspiegelt, deutlich wird: Oppositionen sind an sich schon nicht leicht zu leben und zu bearbeiten, aber Quadrate haben es noch mehr in sich. Weil sie anspruchsvolle Lebensaufgaben darstellen, sind sie umso wichtiger.

Das Spiel mit der Opposition haben wir oft im *Schatten-Prinzip* geübt, die dritte und vierte Seite der Medaille, die nun ebenfalls einbezogen und gewürdigt werden, erleichtern es, klarer zu sehen und schließlich in die Mitte zu gelangen. Ähnliches geschieht, wenn wir uns in der Mitte des Medizinrades niederlassen: Wir gewinnen zu allen vier Richtungen oder Feldern den gleichen Abstand und Bezug und können im Idealfall erkennen, wie alles zusammengehört und letztlich eins ist, in der einen Mitte. Sie ist der Ort der Bewusstheit und damit auch der Entscheidungs- und Handlungsfreiheit. Von hier aus eröffnet sich eine wundervolle Perspektive auf alle vier Seiten der Medaille und damit auf die Ganzheit.

Doch normalerweise gehen wir im Konfliktfall erst einmal in Opposition – und geraten im Zuge der Auseinandersetzung mit unserem »Gegner« oft auch über Kreuz. Wenn wir mit dem Wissen der 4 Seiten der Medaille dieser Bewegung weiter folgen und sie in konstruktiver Weise nutzen, tritt ein weiteres Urmuster zutage: die Lemniskate, das Symbol der Unendlichkeit:

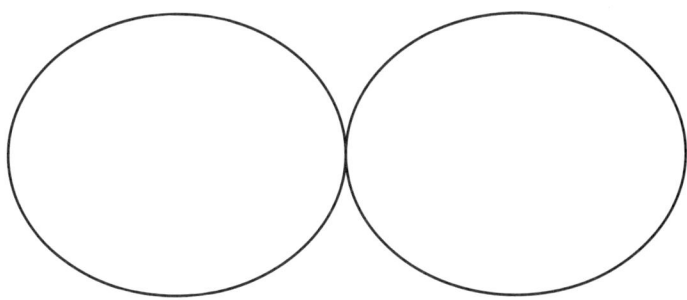

Nehmen wir den in vier Quadranten aufgeteilten Kreis, und beginnen wir unten links. Dieses Feld 1 stellt im Rahmen der 4 Seiten der Medaille die Ebene unseres Vorwurfs, unserer Beschuldigung (zum Beispiel »Du interessierst dich nicht für mich!«) dar. Sie ist Teil unserer »Unterwelt«; in diesem Schattenreich können wir etwas nicht integrieren, und wir wollen, dass jemand oder etwas sich gefälligst nach unseren Wünschen ändert. Obwohl sie im (arche-)typischen Schattenreich liegt, kennen wir diese Vorwurfsebene 1 gut, denn hier haben wir es uns oft schon lange bequem gemacht.

Dann bewegen wir uns quer durch die Mitte in den Gegenpol zu unserem Vorwurf nach rechts oben. Dies ist Feld 2 und enthält das, wonach wir uns sehnen beziehungsweise wie wir die andere Person oder die Angelegenheit gern hätten und wo wir alles in perfekter Ordnung und im Idealzustand wähnen. Hier liegt (arche-)typischerweise das Himmelreich.

Bei genauerer Betrachtung und im Wissen um die Polarität zeigt sich aber, dass unsere Wunschvorstellungen keineswegs nur lichtvoll und ideal sind, sondern ebenso eine Schattenseite haben. Diese Erkenntnis bringt uns neuerlich hinunter in das Schattenreich, und wir wenden uns nach rechts unten in das Feld 3. Dort wird uns bewusst, dass es – nach dem Polaritätsgesetz – auch zu diesem Schatten wieder einen lichten Gegenpol geben muss. Wir finden ihn, indem wir – wieder durch die Mitte – von rechts unten nach links oben in das Feld 4 streben.

Im Feld 4 stellen wir fest, dass dieser Quadrant unseres Entwicklungskreises die erlöste oder konstruktive Seite des ursprünglichen Ausgangspunktes oder Vorwurfs ist, der direkt darunter liegt: in Feld 1 des unteren Schattenreiches. Nun beißt sich auch unsere Schlange in den Schwanz, anders gesagt: Wir haben unser Denk- und Verhaltensmuster umkreist. Da auf diesem Weg zweimal die Mitte zu durchqueren war, sind wir jetzt auch in der Lage, das ganze Thema oder Muster in seiner Komplexität zu erfassen. Diesen differenzierten Ab- und Aufstieg zu üben – statt nur in Opposition zu gehen – bedeutet, die Methode der *4 Seiten der Medaille* anzuwenden.

Wenn wir uns dann nochmals aus dem Schattenreich des Anfangsvorwurfs (Feld 1) von links unten in Richtung

Gegenpol (Feld 2) bewegen und in der Mitte anhalten, haben wir nicht nur die Lemniskate vollends nachvollzogen, sondern auch einen wesentlichen inneren Prozess durchlaufen. Diese Vorgehensweise gibt uns alles an die Hand, was wir brauchen, um uns mit Schwierigkeiten und Konflikten auseinanderzusetzen.

Die Verbindung zweier Ursymbole, des Kreises mit seinen vier Quadranten und der Lemniskate, soll uns durch dieses Buch führen und wird im Folgenden Tetragramm (griech. »Vierzeichen«, »Viergeschriebenes«) genannt.

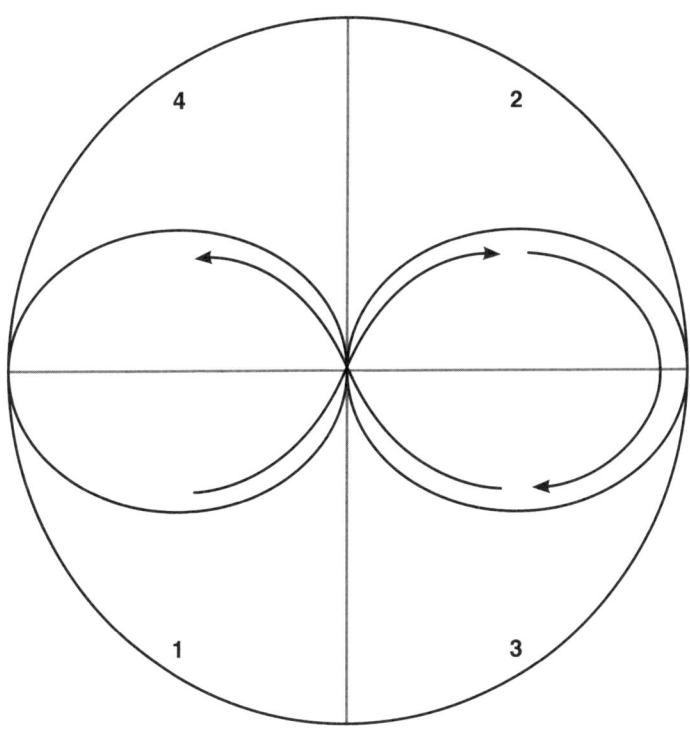

Erste praktische Schritte: das Tetragramm

Meist sieht man Polarität – wenn überhaupt – in ihrer einfachen Dimension: Pol und Gegenpol. Idealerweise hat man dabei auch Erkenntnis darüber erlangt, dass beide Pole gemeinsam eine Einheit ergeben. Klassische Polaritätspaare wie *weiblich – männlich, hart – weich, jung – alt* sind so eindeutige Gegensätze, sodass auch meist Klarheit darüber herrscht, wo man sich selbst zuordnen würde. Doch wie sieht es mit Gegensätzen wie *vergebend – nachtragend* oder *flexibel – träge* aus? Neben dem Gegensatzpaar *flexibel – träge* wäre auch das Gegensatzpaar *flexibel – beständig* denkbar, und dabei kommen andere Bedeutungsnuancen zum Zuge. Und bei *wankelmütig – beständig* treten wieder andere Aspekte in den Vordergrund. Vor die Wahl gestellt würde es uns nun mehr zur Seite der *Beständigkeit* ziehen, während zuvor der Pol *Flexibilität* attraktiver gewesen sein dürfte. Oder man betrachte nur *wankelmütig – träge*, hier wäre wohl beides nicht erstrebenswert.

Wer dieser kleinen Ausführung bereits gut folgen konnte, hat das Prinzip eigentlich schon verstanden und kann jetzt beginnen, für sich und den eigenen Klärungsprozess ein Tetragramm aufzubauen. Hier ein beispielhaftes Grundmodell:

Tetragramm: Wankelmut ∞ Beständigkeit

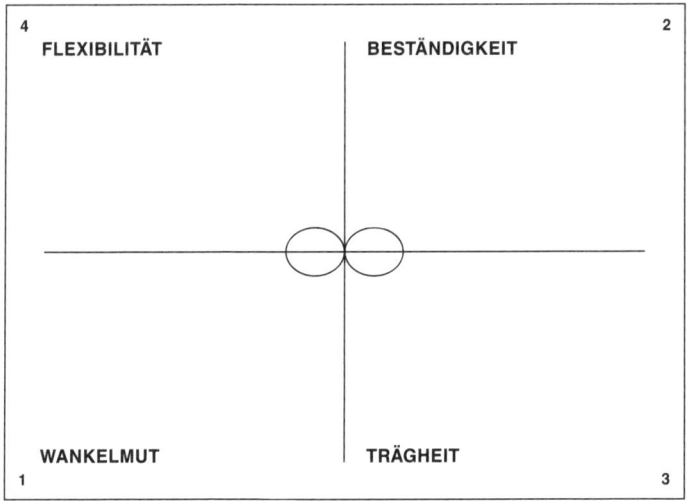

Das folgende Beispiel führt noch einen Schritt weiter in die Praxis der *4 Seiten der Medaille:* Ein Elternpaar ist mit einem *ungezogenen* Kind konfrontiert. Beide wollen aber, dass das Kind *brav* ist, und zwar deshalb, weil sie unter den destruktiven Verhaltensweisen von *ungezogen* leiden; das Kind ist unerträglich laut, unkooperativ, aggressiv. Um ein vollständig ausgefülltes Tetragramm (siehe unten) zu erhalten, werden diese Wahrnehmungen in das Feld 1 gesetzt, und zwar unter das Schlagwort *ungezogen*. Der Gegenpol *brav* und alles, was damit verbunden wird, Eigenschaften wie angenehm, kooperativ, verträglich, zugänglich und lieb, hat seinen Platz in Feld 2. Doch mit dem Wunsch nach ausschließlicher Bravheit des Kindes würden die Eltern der Verdrängung Vorschub leisten, also den ungeliebten Pol –

das ungezogene Benehmen des Kindes – einfach nur wegschieben. Dabei würden sie verkennen, dass das Bravsein durchaus eine destruktive Seite hat, genauso wie das Ungezogensein eine konstruktive Seite in sich birgt.

Die destruktive Seite von *brav* gehört in das Feld 3; dort werden die entsprechenden Stichwörter eingetragen, zum Beispiel zwanghaft angepasst, untergeordnet, willenlos, leblos. Die Schattenseite von *brav* zeichnet sich nun ab.

Danach wird nochmals der Pol *ungezogen* in den Blick genommen, genauer seine konstruktive Seite. Diese zu erkennen ist jedoch oft schwierig. Was soll an *ungezogen* konstruktiv sein? Dazu ist es gut, sich einmal genauer damit auseinanderzusetzen, was *ungezogen* eigentlich bedeutet. Etwa dass das Kind nicht folgt, nicht das tut, was ihm aufgetragen wird. Aber wer macht schon immer gern, was man ihm sagt, was von einer Autorität angeordnet wird? Also könnte es gelegentlich gut sein, nicht zu folgen. Dann wäre dies eine Form von Selbstbestimmtheit und besonders bei einem Kind durchaus ein Zeichen von Entwicklungsschritten – und damit bereits eine mögliche konstruktive Seite von *ungezogen*. Zu *selbstbestimmt* könnten noch Aspekte hinzuzufügen sein wie hinterfragend, kritisch, freigeistig, aktiv, kraftvoll, intensiv.

An dieser Stelle, also im Feld 4 des Tetragramms, kommt oftmals ein Gefühl der Befreiung auf, denn der lange ungeliebte oder gar verhasste Schattenpol aus Feld 1 erhält Licht und Sinn. Vielleicht betrachten die Eltern nun das ungezogene Kind mit anderen Augen, sehen das Potenzial, das in dem Ungezogenen und Wilden des Kindes steckt, und versuchen nicht mehr, es – oftmals mit aller Gewalt – auf brav zu trimmen.

Dem Resonanzprinzip entsprechend werden Eltern, die das Thema für sich selbst mit den *4 Seiten der Medaille* erfolgreich bearbeitet haben, natürlich ihr Kind nun viel besser fördern und darin unterstützen können, die konstruktiven Seiten der Ungezogenheit hervorzukehren. Gleichzeitig werden sie mit ihm das Brave neu entdecken und erkennen, dass zu viel Bravheit nicht unbedingt erstrebenswert ist.

Tetragramm

Wie an diesem einfachen Beispiel gezeigt, können Sie mit Hilfe des Tetragramms ein Thema mit negativer emotionaler Ladung in vier Dimensionen aufschlüsseln und umfassend betrachten. Dadurch gewinnen Sie ein ganzheitliches Verständnis, was mit der Betrachtung nur eines oder zweier Pole nicht gelingen dürfte. Diese erweiterte Perspektive hält dann auch vielfältige Lösungsmöglichkeiten bereit. Außerdem erkennen Sie sofort Potenziale, die Sie selbst entwickeln können, um mit jedem anderen Reizthema künftig gut umzugehen. Sie sehen auch schneller die Schwachstellen in dem Versuch, nur im Gegenpol des ungeliebten Verhaltens Ihr Heil zu finden.

Abschließend sei noch erwähnt, dass niemand, der sich durch das »böse« Verhalten einer anderen Person gestört fühlt, sich dazu aufgefordert fühlen soll, den anderen »gut« zu machen. Das kann ohnehin nicht gelingen. Wenn man den Erkenntnisprozess, der durch das Tetragramm unterstützt wird, an sich selbst nicht erfahren hat und weiterhin nur den anderen ändern möchte, wäre man wieder in der Projektion gefangen. Die *4 Seiten der Medaille* sind jedoch dazu geschaffen, geradewegs aus der Projektion herauszuführen. Lassen Sie sich also dazu anregen, genauer wahrzunehmen, was das »Böse« im anderen mit Ihnen macht und mit Ihnen selbst zu tun hat. Spüren Sie lieber der eigenen Ladung hinsichtlich des »Bösen« nach, um sie zu lösen und damit einen entspannten und klaren Standpunkt zu beziehen und diesen frei und offen zu kommunizieren.

Die Rücknahme von Projektion und der Weg aus tiefsten Schattenbereichen zu der höheren, lichteren Qualität ist grundsätzlich das Thema persönlicher Entwicklung. Die Lehre von den zwölf *Lebensprinzipien* (siehe Literaturverzeichnis) beschreibt diesen spirituellen Klärungs- und Entfaltungsprozess in jeweils sieben Stufen, und das Wissen um Archetypen beziehungsweise Urprinzipien wird natürlich eine große Bereicherung für das Zusammenstellen Ihres Tetragramms sein und vor allem auch für die abrundende Schlussbetrachtung und generelle Integration (mehr dazu in Teil 3). Wir empfehlen deshalb, sich – auch ganz unabhängig von der hier vorgestellten Methode der *4 Seiten der Medaille* – mit den Lebensprinzipien zu beschäftigen. Es dient in jedem Fall dazu, sich und die Welt besser zu verstehen und sich gewahr zu werden, wie vielfältig die Ausdrucksformen von Gefühlslagen sowie von menschlichen Denk- und Verhaltensmustern beschaffen sein können.

Hören, was die Seele sagt

Wer in der Auseinandersetzung mit einem Konflikt- oder Stressthema die *4 Seiten der Medaille* betrachten und dafür »sein« Tetragramm zusammenstellen will, braucht meist etwas Zeit und Ruhe – um Zugang zu seinen inneren seelischen Bildern zu erlangen. Schließlich geht es nicht um Verstandeslösungen, sondern um echte Konfliktbereinigung mit Anspruch auf Ganzheitlichkeit. Hier ist die Ebene der Seele und ihrer Bilderwelten gefragt. Sie ist in tiefer Entspannung zu erreichen. Noch vorteilhafter wäre sogar, wenn Sie sich in einen Trancezustand versenken. In der Stille und Entspannung haben Sie dann genügend achtsame Bereitschaft, um den ersten aufsteigenden Gedanken zu erfassen. Diese Form der Achtsamkeit lässt sich gut trainieren. Schon jede geführte Meditation wie *Tiefenentspannung* (siehe Anhang) führt in völlig ausreichend tiefe Entspannung und sogenannte Alpha-Zustände. Alpha bezieht sich auf die Gehirnwellenmuster. Normalerweise liegen diese im Wachzustand im Beta-Bereich, das heißt oberhalb von 14 Hz und bis 30 Hz. Schon bei leichter Entspannung gelangen Sie in den Alpha-Bereich von 13 bis 8 Hz, und je niedriger die Schwingungsfrequenz, desto entspannter sind Sie. Im Theta-Bereich von 8 bis 3 Hz ist Trancetiefe erreicht; dies ist der Bereich, in dem die meisten seriösen Geistheiler arbeiten. Darunter liegt nur noch Delta, der im Tiefschlaf vorherrschende Bereich. Wiederholt man solche Entspannungsübungen regelmäßig mit verschiedenen geführten Meditationen, ergeben sich praktisch von Anfang an Alpha- und bald auch wie von selbst Theta-Muster und damit ist bereits Trancetiefe erreicht. Mit der Zeit und Übung gelingt auch das Eintauchen in diese Bereiche immer rascher und befriedigender.

Es gibt aber auch Einstiege in diese Seelen-Bilder-Bereiche über den Körper, etwa mit Hilfe der Progressiven Muskelrelaxation nach Jacobson, bei der Sie die verschiedenen Körperregionen nacheinander kurze Zeit maximal anspannen, um sie dann wieder lockerzulassen. Wenn Sie mit geschlossenen Augen so Ihren ganzen Körper einschließlich des Gesichts durchgehen, ist meist schon ein beruhigender und völlig ausreichender Alpha-Zustand erreicht.

Das Eintauchen in den Alpha-Zustand können Sie durch einschlägige Entspannungsmusik noch mehr fördern, zum Beispiel durch das halbstündige Stück 10 der CD *Seelenhauch* (www.heilkundeinstitut.at).

Auf der Ebene der Seelen-Bilder-Welt angelangt, kommt dem ersten aufsteigenden Gedanken große Bedeutung und Symbolkraft zu – entsprechend dem drittwichtigsten Schicksalsgesetz, dass alles schon im Anfang liegt. Lauschen oder spüren Sie nach innen, um den ersten spontanen Gedanken zu Ihrer Frage oder Ihrem Problem zu fassen zu bekommen. Er ist ein wertvoller Wegweiser, um die harte Polarität der Gegensätze aufzulösen zugunsten der versöhnlicheren *4 Seiten der Medaille*. Wenn Sie für Ihr Tetragramm nach den entscheidenden Schlüsselbegriffen forschen, wird diese Achtsamkeitsübung Sie für die gesuchten seelischen Botschaften öffnen.

Zu Ihrem Thema, das Sie im Tetragramm darlegen wollen, um mit den *4 Seiten der Medaille* zu arbeiten, stellen Sie sich im Weiteren am besten Fragen und notieren dann den jeweils ersten aufsteigenden Gedanken, zum Beispiel bezogen auf das Stressfeld *Unordnung* (siehe Teil 4): »Auf welcher Ebene habe ich Ordnungsbedarf?« Nehmen wir an, Ihr erster Gedanke dazu ist »Seelenebene«. Dann gilt es, dort weiterzuforschen, etwa mit der Frage: »Welches Seelenthema braucht meine ordnende Achtsamkeit?« – und wieder machen Sie sich für den ersten aufsteigenden Gedanken bereit, der die ehrlichste Antwort enthält. Oder Sie fragen gleich direkter: »In welchem Seelenbereich habe ich solchen Ordnungsbedarf, dass mich die Unordnung meines Partners ständig daran erinnert?«

Diese Achtsamkeit für den ersten aufsteigenden Gedanken können Sie bei praktisch allen Themen oder Stressfeldern anwenden. Auf diese Weise lässt sich entlang des jeweils ersten aufsteigenden Gedankens bis in das tiefste eigene Innere navigieren, und letztlich ist es Ihre eigene innere Stimme, Ihr innerer Arzt, der Sie führt. Paracelsus nannte ihn *Archeus* und empfahl ihn immer wieder als wesentlichen inneren Mitarbeiter.

So können Sie Ihre Seele schließlich direkt ansprechen – in unserem Beispiel mit der Frage: »Mit welchem praktischen Ordnungsritual in der äußeren Welt möchtest du, meine Seele, beginnen?« Und selbst wenn Sie mit dem ersten aufsteigenden Gedanken dann so Profanes wie »Papiere ordnen« oder »bügeln und Wäsche falten« als Antwort erhalten, sollten Sie dies auch umsetzen. Denn dadurch bekommt die innere Seelen-Bilder-Ebene ihre eigene Wichtigkeit und Verlässlichkeit, und der Klärungs- und Entwicklungsprozess wird insgesamt außerordentlich gefördert.

»Was kommt mir in den Sinn, wenn ich nach innen horche?« – mit dieser Einstellung sind schon die besten Ideen entstanden. Vor allem als Kind waren Sie schon einmal sehr gut mit der Seelen-Bilder-Welt vertraut. Das war die Zeit, als Sie jede Nacht lebhaft und bunt träumten und sich auch morgens noch problemlos an die Träume erinnerten, als Sie gedankenverloren spielten und die Zeit des Mittagessens verpassten, als Sie Ihren Fantasien folgten und Sie noch mit Tieren und Bäumen und Wesen kommunizieren konnten. Aber dann wurde diese Ebene blockiert. Wahrscheinlich nahmen schon die Eltern Ihre Träume nicht so wichtig, und auch die Lehrer sagten: »Schlaf nicht, träum nicht, spinn nicht herum, hör auf zu spielen, konzentrier dich lieber.« Auf diese Weise verlernten Sie, spielerisch nach innen zu schauen oder zu horchen; sie hörten auf, ihre innere Stimme sehr differenziert wahrzunehmen und den Moment auszukosten. Aber Ihr *inneres Kind*, neben dem inneren Arzt eine weitere hilfreiche seelische Instanz, besitzt noch all diese Fähigkeiten, und Sie können es ebenfalls einladen, Ihnen bei den neuerlichen Erkundungen der Seelen-Bilder-Welten zur Seite zu stehen.

Manchmal mögen die der Seelen-Bilder-Ebene entstammenden Vorschläge dem logischen Verstand zuwiderlaufen. Natürlich hat der Verstand später auch ein Mitspracherecht, doch ist es mit dieser Technik, dem ersten aufsteigenden Gedanken zu folgen, möglich, der Einseitigkeit rein rationaler Argumente zu entgehen. Zwar wird eine echte Konkurrenz zum Intellekt aufgebaut, aber es geht nicht um ein Entweder-oder, sondern um eine Ergänzung und optimale Erweiterung beider Seiten. Mit der Zeit wird es immer einfacher, zwischen einerseits den Bedenken des Intellekts, seine Dominanz könnte angezweifelt werden, und andererseits echten Gefahrenwarnungen zu unterscheiden. Übung macht den Meister, das gilt auch für die Achtsamkeitsübung, die dem ersten aufsteigenden Gedanken gewidmet ist.

Mit den *4 Seiten der Medaille* setzen Sie letztlich auf mehreren Ebenen an. Beim Aufbau und Weg durch das Tetragramm beziehen Sie die inneren Bilderwelten und den intuitiven Zugang ein sowie die Gefühlsebene. Selbstverständlich baut die Methode ebenfalls auf der kognitiven Wahrnehmung auf und auf intellektuellem Verstehen. Wenn der Weg durch das Tetragramm erfolgreich abgeschlossen ist, erfolgt automatisch die Integration auf physischer und feinstofflicher Ebene. Somit wirkt die Methode ganzheitlich und nachhaltig.

Teil 3

Mit den vier Seiten der Medaille arbeiten

Genau hinschauen

Der vierstufige Prozess – der Weg durch das Tetragramm – sorgt dafür, dass die negative emotionale Ladung von dem belastenden Thema oder Konflikt genommen wird. Der ursprünglich erlebte Stress kann einem Gefühl von innerem Frieden weichen. Oft genügt es, nur ein einziges Mal mit dem Tetragramm zu arbeiten, damit die »Entladung« vollständig gelingt. Zumindest nimmt sie schon mit dem ersten Praktizieren merkbar ab, sodass Sie beim erneuten Auftreten des bisher stressenden Umstandes nicht in das alte Reaktionsmuster zurückfallen. Die Chance, in dieser vormals schwierigen Situation besser in der eigenen Mitte zu bleiben und neue Handlungsalternativen wählen zu können, ist deutlich gewachsen.

Es ist immer ein Gewinn, wenn Sie im konkreten Streitfall zum ersten Mal eine neue Sichtweise einnehmen können, sich ein fixer Standpunkt relativiert und damit Ihre innere Anspannung lösen kann. Es ist genauso von Vorteil, wenn Ihnen erstmals überhaupt klar wird, was das eigentliche Stressthema ist, wenn sich benennen lässt, was Sie bedrückt, und Sie sich selbst dazu auf heilsame Weise in Beziehung setzen können.

Was Ihnen die Anwendung der hier vorgestellten

Methode im aktuellen Fall bringen kann, hängt von verschiedenen Faktoren ab, und zwar von:

1. Ihrer Bereitschaft, sich des Themas tatsächlich anzunehmen und genau hinzusehen,
2. Ihrer Bereitschaft zu persönlicher Weiterentwicklung,
3. Ihrem Leidensdruck und der Stärke und Dauer der Verhaftung mit dem Problem,
4. der Häufigkeit, mit der Sie die Methode im Alltag anwenden.

Erst ein Problemfeld, das Sie wirklich in den Blick genommen und sich bewusst gemacht haben, kann aus Ihrem Leben verschwinden und sich auflösen. Alles, was Sie nicht ansehen wollen, ängstlich wegschieben und verdrängen, bleibt bestehen und wird eher stärker. Und das kostet viel Energie. Dasselbe Maß an Energie können Sie viel sinnvoller dazu verwenden, um mit Hilfe der *4 Seiten der Medaille* Ihre Probleme direkt anzugehen, Lösungen zu finden und eine Wahl zu treffen. Sobald sich der Knoten löst, verschwindet die Angst – etwa die Angst vor Veränderung, seiner inneren Berufung zu folgen oder seine Stärke und Persönlichkeit offen zu zeigen.

Wenn Sie die *4 Seiten der Medaille* tatsächlich ernsthaft praktizieren, werden Sie allerdings wissen, dass Angst auch konstruktive und fördernde Aspekte besitzt. Angst bedeutet im Wortursprung Enge. Enge und Weite sind beide notwendig und zwei Seiten derselben Medaille,

Teil 3: Mit den vier Seiten der Medaille arbeiten

und es ist immer heilsam, sich mit der Enge oder Angst genauso auseinanderzusetzen wie mit der Freude, die die Brust weit macht. Dazu ein Beispiel eines Seminarteilnehmers: »Ich hatte über einen Zeitraum von fast einem Jahr wiederkehrende Albträume von einem unbezwingbaren roboterartigen Terminatorwesen, dem ich nicht entkommen konnte. Selbst wenn ich es bis in den unterirdischen Bunker geschafft hatte, brach plötzlich die Wand neben mir auf, und der stählerne Arm griff nach mir. Bis zum tödlichen Ende ging der Traum nie, dennoch war es schlimm, immer flüchten zu müssen und nicht entrinnen zu können. Dann habe ich mir ganz bewusst vorgenommen, diesem Unwesen nicht mehr davonzulaufen, sondern ihm entgegenzutreten. Die Gelegenheit dazu kam bald, ich wurde erneut im Traum verfolgt und erinnerte mich meines Plans, drehte mich um, sah das Unwesen erstmals in seiner ganzen schrecklichen Größe und stellte mich ihm. Ich sagte: ›Los doch, mach ein Ende.‹ Das wiederholte ich mehrmals. Und wie durch Zauberhand löste sich das Unwesen daraufhin auf. Ich träumte auch nie wieder von ihm.«

Auflösen durch Hinsehen im Rahmen einer Entwicklungsmethode bedeutet also, dass ein (Stress-)Bereich tatsächlich wegfallen kann: Die negative emotionale Ladung und die Angst verschwinden. Das ehemals stressbeladene Thema kann integriert werden, und es ist nun möglich, sich dessen lichtvollen Aspekten zuzuwenden. Alles Bisherige darf also bleiben, es ist nur so, als würden die Albtraumwesen jetzt im Garten Karten spielen und einem freundlich zuwinken. Ihre Kraft haben sie behalten und können sie jederzeit konstruktiv einsetzen.

Bereitschaft zu Erkenntnis und Wandlung
- Die Umwelt und das uns umgebende Geschehen sind mit uns in Resonanz und spiegeln uns wider.
- Jedes Thema mit emotionaler Ladung hat mit uns zu tun und fordert uns auf, Entwicklungsschritte zu machen.
- Es ist egal, ob die emotionale Ladung durch äußere Situationen und Personen entsteht oder durch eigene innere Themen.
- Bei Themen, die von außen an uns herangetragen werden, muss es nach dem Resonanzprinzip eine innen liegende Entsprechung geben.
- Mutiges, klares Hinsehen löst Ladung und Stress in diesem Themenbereich auf.

Selbstanwendung und Begleitung

Jeder Mensch hat seine blinden Flecken. Einige dieser Schattenthemen teilt man mit anderen, andere zum Glück nicht. Somit gibt es immer Menschen, die einen kennen, die dort gut hinsehen können, wo man selbst einen blinden Fleck hat. Und auch Sie können oft dort den Schatten erkennen, wo es anderen für sich selbst nicht gelingt. Deshalb wird in jeder soliden Ausbildung zu therapeutisch-beratenden Berufen auch viel Wert darauf gelegt, seine eigenen Probleme und Schattenthemen anzusehen und diese so weit wie möglich zu integrieren oder sich ihrer zumindest bewusst zu werden.

<u>Anders herum ist auch jeder Mensch, der Sie reizt und provoziert, von vornherein ein guter Lehrmeister und Begleiter zu eigenen Schattenaspekten.</u> Doch vor allem ein wohlwollendes Umfeld, Bekannte und Freunde, die das gut überblicken können, wo Sie selbst noch zu lernen haben, werden Sie auf dem Weg unterstützen. Deshalb stellen wir auf Seite 95 auch eine Übung vor, mit der man sich gegenseitig bei der Auseinandersetzung mit einem Schattenthema helfen kann.

Die Methode der *4 Seiten der Medaille* ist grundsätzlich sehr gut dafür geeignet, sie eigenständig anzuwenden. Möglicherweise könnte es aber einfacher sein, einen Helfer zu haben. Überall dort, wo sich bei Ihnen viel emotionale Ladung aufgebaut hat, ist häufig Ihre Sicht auf mögliche Lösungen verstellt. Deshalb empfehlen wir für die praktische Anwendung der *4 Seiten der Medaille,* sich zunächst Themen vorzunehmen, die nicht allzu stark emotional mit Stress oder Angst belastet sind. Für eine klare Einschätzung gibt es ein bewährtes Hilfsmittel in Form einer Stressskala. Auf dieser Skala von 0 bis 10 bedeutet 0 gar keine Ladung, also Neutralität. Mit 10 wäre die heftigste Ladung beschrieben. Hierbei würde allein die bloße

Erwähnung des Themas zu Schweiß- oder Tränenausbrüchen oder gar zu traumatischen Zuständen führen.

Keine oder geringe Ladungen von 0 bis 3 eignen sich besonders gut zur Übung, denn hierbei fällt es nicht schwer, sich allen Seiten der Medaille zuzuwenden und sich auf allen vier Feldern gleichmütig und gelassen zu bewegen. Die Betrachtung eines Themas mit einer mittleren Ladung von etwa 4 bis 6, stellt bereits eine Herausforderung dar und bringt Sie auf Ihrem Weg ein gutes Stück weiter – vor allem wenn Sie bereit sind, wirklich hinzusehen, sich auch mit Unangenehmem auseinanderzusetzen und die Grundprinzipien von Resonanz und Polarität anzuerkennen. Darüber hinaus helfen die in Teil 4 dieses Buches gesammelten zwölf Fallbeispiele; hier können Sie gut nachschlagen und sich inspirieren lassen. Ebenso sind die bereits empfohlenen Ausflüge in die inneren Bilderwelten sehr unterstützend im Aufspüren und Integrieren von Unbewusstem; viel Unterstützung bietet hierbei auch die CD *Schattenarbeit* (siehe Anhang).

Bei den Themen mit einer stärkeren bis sehr starken Ladung empfehlen wir die Begleitung durch einen kundigen und mit dieser Methode vertrauten Coach oder Therapeuten (siehe im Internet unter: www.4seiten.com).

Der Vier-Stufen-Prozess

In der praktischen Umsetzung durchlaufen Sie einen vierstufigen Prozess:
1. das Thema benennen mit Hilfe der emotionalen Ladung (Begriffsfindung),
2. die vier Seiten der Medaille aufschlüsseln und im Tetragramm darstellen,
3. über Symbole das Ganze sehen lernen,
4. die körperliche und energetische Integration fördern.

Die Durchführung dieser vier Schritte kann von einer halben Stunde bis zu mehreren Stunden dauern, immer abhängig von persönlichen Bedürfnissen und Möglichkeiten. Sie können zu Übungszwecken zwar ein fragliches Thema sehr rasch in seine vier Seiten aufschlüsseln, aber für ein Herzensanliegen sollten Sie sich genügend Zeit zur Selbsterforschung und für das Nach-innen-Lauschen oder -Schauen nehmen.

Ein Richtwert zu einem kompletten Prozess kann sein: etwa dreißig Minuten zur Begriffsfindung, etwa eine Stunde zur Aufschlüsselung der vier Seiten der Medaille. Die Symbolisierung kann von ein paar Minuten bis zu einer halben Stunde dauern. Die Integration kann ein paar Minuten in Anspruch nehmen – oder auch eine Stunde, wenn man die vorgeschlagene komplette Integration mittels gesprochener Anleitung durchführt (als Download verfügbar: www.4seiten.com). Alle vier Stufen des Prozesses können außerdem einzeln durchgeführt werden, also mit kürzeren oder längeren Pausen dazwischen. Man kann eine intensive Beschäftigung mit den 4 *Seiten der Medaille* sogar auf mehrere Tage oder Wochen verteilen.

Sie sollten sich nicht nur genügend Zeit einräumen, um diesen vierstufigen Prozess zu durchlaufen. Auch das passende Umfeld ist wichtig, in dem Sie sich wohlfühlen und sich ungestört Ihren Einsichten und Wachstumsschritten widmen können. Je mehr Sie dabei für sich selbst sorgen und je intensiver Sie sich darauf einlassen, umso besser und nachhaltiger wird das Ergebnis sein.

1. Das Thema benennen mit Hilfe der emotionalen Ladung

Die Aufgabe lautet schlicht und einfach: »Finde einen Begriff, der dein Problem beschreibt.« Nur gelingt das meist nicht so leicht. Wenn Sie über ein belastendes Thema sprechen, kommen Sie ins Geschichtenerzählen, Sie vermengen dabei Fakten (so sie solche sind) mit Gefühlen und Emotionen, holen Vergangenes dazu und legen Hoffnungen hinein. All das mag interessant und anschaulich sein, nur benötigen Sie für das Tetragramm etwas ganz Einfaches: einen Überbegriff.

Die Herausforderung liegt darin, für den Konfliktstoff, die belastende Situation, jene treffende »Überschrift« zu finden, die in einem Wort die Belastung am besten widerspiegelt und ein entsprechendes Maß an negativer Ladung hat. Der Begriff muss den Stress beschreiben und nicht den gewünschten Gegenpol – zum Beispiel »rücksichtslos« und nicht »rücksichtsvoll«. Bezeichnet wird ein störendes Verhalten oder eine provozierende Eigenschaft oder eine vermisste Fähigkeit oder ein missachteter Wert oder ein schlechtes Gefühl. Der gefundene Begriff muss für Sie vollkommen stimmig sein.

Am besten finden Sie den Begriff, indem Sie zunächst folgende fünf Fragen beantworten:

1. Wie stellt sich für mich die belastende Situation dar? (Beschreibung der Situation)
2. Was stört, ärgert, frustriert, nervt mich daran? (Bestimmung der negativen emotionalen Ladung)
3. Was fühle ich in dieser Situation?
4. Gibt es innere Bilder, die mit der Situation verbunden sind, wenn ja, welche?
5. Wenn es einen Vorwurf gibt (gegenüber sich selbst oder jemand anders), wie lautet er?

Aus der Fragestellung lässt sich erkennen, dass es bei diesem ersten Schritt um weit mehr geht als um eine Begriffsfindung. Sie werden sich dabei die belastende Situation in all ihren Ausformungen und Auswirkungen vor Augen führen und darüber klarwerden müssen, was Sie stört, beängstigt, befremdet oder schmerzlich berührt. Sie sind aufgerufen, das Belastende beim Namen zu nennen, sich mit ihm auseinanderzusetzen. All die damit verbundenen Gefühle und Bilder wollen wahrgenommen werden; idealerweise geben Sie dem fraglichen Thema deshalb viel Raum und Aufmerksamkeit.

Die Antwort auf alle fünf Fragen können Sie in Stichwörtern oder auch in ganzen Sätzen formulieren. Danach unterstreichen Sie die relevanten Begriffe, um sie hervorzuheben. Damit treffen Sie eine erste Auswahl, aus der Sie wiederum höchstens drei bis fünf Begriffe wählen und untereinander aufschreiben. Erst danach notieren Sie spontan, ohne viel nachzudenken, den Stresslevel von 0 bis 10 zu allen Begriffen in die rechte Spalte nach folgendem Schema:

	Begriffe	Ladung (von 0–10)
Begriff 1:		
Begriff 2:		
Begriff 3:		
Begriff 4:		
Begriff 5:		

Nach einer Pause entscheiden Sie, mit welchem dieser Begriffe Sie weiterarbeiten wollen. Wenn sich im Laufe des Prozesses herausstellt, dass doch ein anderer Begriff besser gewesen wäre, ist das kein Problem, dann wechseln Sie einfach zum passenderen Stichwort.

Wenn Ihnen von Anfang an sehr klar ist, welcher Begriff in Betracht kommt, können Sie ihn sofort in die Tabelle an erster Stelle eintragen. Dann beantworten Sie dazu noch die oben genannten fünf Fragen, um zu prüfen, ob es bei dem gewählten Begriff bleibt oder ob sich weitere Aspekte ergeben, denen vielleicht höhere Priorität zukommt. Es ist immer empfehlenswert, diese klärenden Fragen zu beantworten, bevor Sie Ihr Stressthema in die vier Seiten der Medaille aufschlüsseln.

Sie müssen sich nicht auf ein einziges Stichwort beschränken. Ihre »Überschrift« kann auch aus zwei oder maximal drei Wörtern bestehen. Zum Beispiel »im Abseits stehen«, »sich beschweren«, »haben müssen«. Idealerweise ist der Begriff nicht verneinend; eine Formulierung wie: »nicht zugehörig« wäre durch »abseits« oder »ausgeschlossen« zu ersetzen. Diese Art von Begriffsfindung unterstützt Sie oft bereits darin, Ihre Perspektive zu erweitern und sich mancher Zusammenhänge bewusst zu werden.

Bei der Begriffswahl taucht immer wieder die Frage auf, ob man mit dem Thema an sich oder besser mit dem durch das Thema ausgelösten Gefühl arbeiten soll. Dazu ein Beispiel: Die »Rücksichtslosigkeit«, die Sie am anderen stört, löst in Ihnen ein Gefühl der »Ohnmacht« aus. Welchen der beiden Begriffe verwenden Sie sinnvollerweise? Am besten geeignet ist in diesem Fall eindeutig »Rücksichtslosigkeit«.

Sich mit Hilfe der *4 Seiten der Medaille* mit Gefühlen wie Ohnmacht, Ärger, Angst, Freude, Traurigkeit und so weiter auseinanderzusetzen ist sehr spannend und ergiebig. Deshalb raten wir dazu, auch mal ganz allgemein und nicht aktuell problembezogen stark belastende wiederkehrende Gefühle zu untersuchen, um mit ihnen ins Reine zu kommen. Aber zur Bearbeitung der aktuellen Konfliktsituation ist es besser, den thematisch stimmigen, enger gefassten Begriff zu wählen, für unser Beispiel »Rücksichtslosigkeit«. Das beste Ergebnis erreichen Sie im Übrigen, wenn Sie beide Begriffe bearbeiten, also »Rücksichtslosigkeit« und dann auch noch »Ohnmacht«.

Gefühle sind in der Beschreibung und Bearbeitung der Belastung immens wichtig. Es soll keinesfalls der Eindruck entstehen, dass wir es bei den *4 Seiten der Medaille* nur mit einem intellektuellen Erkennen zu tun hätten. Denn natürlich können Sie unter Zuhilfenahme von Suchmaschinen oder Wörterbüchern bequem Begriffsdefinitionen sammeln und ganz schnell die vier Felder des Tetragramms füllen – vielleicht sogar voller Stolz, dass es Ihnen ein Leichtes ist, alle Seiten zu erfassen. Nur bringt Sie das im Lösen des persönlichen Problems nicht entscheidend weiter. Besser ist, sich Zeit zu nehmen und Muße zu gönnen, damit Sie sich gefühlsmäßig auf Ihren Klärungs- und Entwicklungsprozess einlassen können.

Wie in Teil 4 an den beispielhaften Ausführungen zu zwölf Stressthemen deutlich wird, haben wir uns bei der Formulierung des Oberbegriffs von Feld 1 und 2 für Hauptwörter (Substantive) entschieden, was eine gewisse Einheitlichkeit ergibt, aber nicht zwingend notwendig ist.

Grundsätzlich ist zu empfehlen, möglichst Substantive statt Adjektive zu verwenden, da sie stärker und eindeutiger sind, zum Beispiel »Gewalt« statt »gewalttätig« oder »Verwirrung« statt »verwirrend«. Doch lassen Sie sich davon nicht einschränken, wenn Sie in einem bestimmten Fall lieber ein Adjektiv einsetzen wollen, da es Ihnen passender und kraftvoller erscheint. Auf Verben trifft dasselbe zu. Sie können statt »kämpfen« auch »Kampf« oder »das Kämpfen« verwenden; statt »verzweifeln« auch »Verzweiflung« oder »das Verzweifeln«. Wählen Sie am besten jeweils die Ausdrucksform mit der für Sie stärksten emotionalen Ladung.

Zusammenfassend sei wiederholt: Die beiden gegenpoligen Leitbegriffe in Feld 1 und 2 des Tetragramms sollten möglichst Substantive sein, alle weiteren ergänzenden Begriffe können in Form von Substantiven, Adjektiven oder Verben in die Felder 1 bis 4 eingefügt werden.

Selbstverantwortlich und achtsam bleiben

Bei Ihrer Selbsterforschung im Zuge der Begriffsfindung wird die Tiefe oder Intensität der Stressbelastung spürbar. Sie dringen vielleicht so stark in das Thema ein, dass Sie sich dabei nicht mehr wohl fühlen und eine Pause brauchen. Dies wird sich auch auf der Skala der Ladung bei den gewählten Begriffen zeigen, vor allem bei Begriffen, bei denen Sie eine hohe Ladung von 8 bis 10 festgestellt haben. Mit diesen Begriffen zu arbeiten heißt, sich tiefgreifenden Belastungen zu stellen. Wir empfehlen Ihnen daher erneut, sich im Selbsterfahrungsprozess eher mit Themen und Begriffen auseinanderzusetzen, die eine mittlere Ladung haben, und erst nach viel Übung weiterzugehen.

Wenn Sie sich nicht sicher sind, können Sie mit einem wenig geladenen Aspekt des Themas einsteigen und sich das Schwierige, emotional Aufgeladene zu einem späteren Zeitpunkt vornehmen. Es läuft Ihnen nichts davon. Lassen Sie sich lieber Zeit, und beginnen Sie mit den Begriffen, die Sie sich im Augenblick zutrauen. Hier geht es nicht darum, mutwillig in den tiefsten Tiefen des Bewusstseins zu schürfen und in alten Wunden zu bohren, sondern eine Lösung für das zu finden, was aktuell ansteht und stört. Der dahinterliegende Grund wird sich dabei von allein zur rechten Zeit offenbaren. Appelliert sei auch in diesem Zusammenhang an Ihre Selbstverantwortung und Ihren achtsamen Umgang mit sich selbst.

Obwohl bei den *4 Seiten der Medaille* prinzipiell mit allen Begriffen gearbeitet werden kann, hat sich in der Praxis Folgendes bewährt:

1. Zu allgemeine Begriffe ohne Selbstbezug sind ungeeignet. Ein Beispiel: »Mich stören Politiker, allesamt korrupte Typen, es macht mich rasend, ihre Lügen und schwammigen Aussagen zu hören.« Sie könnten theoretisch den Begriff »Politiker« nehmen, denn darauf liegt offensichtlich Ladung. Aber es fehlt der Selbstbezug. Sie könnten auch den Begriff »Politiker« in seine vier

Seiten aufschlüsseln oder den Selbstbezug herstellen, indem Sie in sich selbst den Politiker suchen, dazu den Gegenpol bilden und so weiter. Auch das ist durchaus spannend. Aber wesentlich sinnvoller ist zu fragen, was genau Sie am Politiker stört. Dazu finden Sie in der obigen Aussage schon drei Hinweise: »Korruption«, »Lüge« und »Schwammigkeit«. Mit diesen Begriffen könnten Sie sehr gut arbeiten, und alle drei geben Ihnen sicher wertvolle Aufschlüsse. Aber Sie können bei »Korruption« noch weiter hinterfragen: »Was macht die Korruption so widerwärtig, welches Gefühl lässt das in mir entstehen?« Sie notieren darauf möglicherweise einen Begriff wie »Machtmissbrauch« oder »Ohnmacht« oder »Arroganz«, was das Konfliktthema noch besser trifft. Ratsam ist deshalb, bei der Begriffswahl nicht zu allgemein zu bleiben und immer Begriffe mit klarem, negativem Selbstbezug zu wählen.
2. »Angst« ist ein zu allgemeiner Begriff. Finden Sie stets heraus, um welche Art von Angst es sich handelt. Wenn es zum Beispiel um Verlustangst, Angst vor Versagen, Angst vor Nähe geht, formulieren Sie kurz und knapp »Verlust«, »Versagen«, »Nähe«. Der Zusatz »Angst vor ...« kann wegfallen.

Im Übrigen möchten wir zum spielerischen Experimentieren mit Begriffen einladen. Obwohl manche Themen wirklich belastend und schwierig sind, gibt es meist zumindest einen Funken Humor, ein Lächeln, eine Metaebene, aus der Sie betrachten können, was Ihnen so alles widerfährt. Mit den *4 Seiten der Medaille* ist es möglich, zu dieser Gelassenheit zu finden.

2. Die vier Seiten der Medaille aufschlüsseln und im Tetragramm darstellen

Um sich zu einem Thema die vier Seiten der Medaille bewusst zu machen und mit ihnen zu arbeiten, werden sie in einem Tetragramm dargestellt. Dafür reicht es aus, auf ein Blatt Papier ein Kreuz zu zeichnen, sodass sich vier Felder ergeben. Wichtig ist nur, die vier Felder in der korrekten Folge zu nummerieren, und wer will, fügt eine Lemniskate hinzu, wie in Teil 1 des Buches abgebildet.

Die vier Felder des Tetragramms und ihre Bedeutung

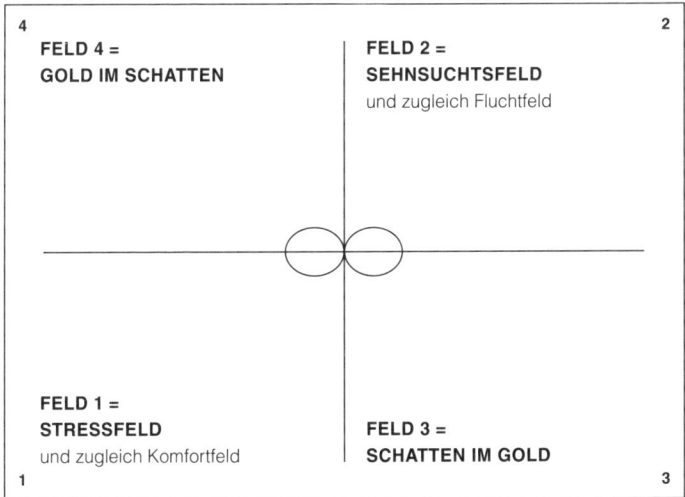

Die Nummerierung gibt die Reihenfolge vor, in der die vier Felder ausgefüllt werden; die Lemniskate symbolisiert den Weg durch das Tetragramm, der ein Klärungs- und Entwicklungsprozess ist.

In **Feld 1** widmen Sie sich der ersten Seite der Medaille: dem Konflikt- oder Stressthema. Dies ist der Ort (im Tetragramm), an dem es unangenehm ist. Hier ist der Leidensdruck zu finden, hier steckt der Vorwurf. Deshalb nennen wir es auch das Stressfeld.

Es ist für den weiteren Prozess entscheidend wichtig, bei der Bestimmung des Stressauslösers, der in Feld 1 eingetragen wird, sorgfältig zu sein und in die Begriffswahl Zeit und Mühe zu investieren. Von diesem ersten Feld aus würde sich ein Fehler oder die Unschärfe durch das ganze Tetragramm ziehen.

In Feld 1, dem Stressfeld, kennt sich jeder meist am besten aus. Die Belastung besteht oft schon über Jahre, Jahrzehnte oder ein ganzes Leben lang. Man hat gelernt, damit umzugehen, wenn in der Regel auch nicht auf erfreuliche oder zufriedenstellende Weise.

Weil Sie sich der Problematik bewusst sind – immerhin wollen Sie die Methode der *4 Seiten der Medaille* anwenden – ist das Feld 1 im Tetragramm kein echtes persönliches Schattenfeld. Schatten und Bewusstsein schließen sich aus. Aber die Entwicklung aus dem Feld 1 heraus kann schwierig sein, denn Ihnen ist dieses Stressfeld zwar meist sehr bewusst, aber Sie haben sich in ihm häuslich eingerichtet und mit ihm arrangiert. Ein Ausbrechen aus Feld 1 würde auch ein Verlassen der Komfortzone bedeuten, deshalb bezeichnen wir dieses Feld zusätzlich als Komfortfeld. Das erscheint auf den ersten Blick widersinnig, da man sich dort keineswegs komfortabel aufgehoben und behaglich fühlt. Jedoch ist hier jene Bequemlichkeit angesprochen, die verhindert, eingefahrene Bahnen zu verlassen, selbst wenn sie bisher schmerzhaft, leidvoll oder zumindest lästig waren.

Bereits im Feld 1 kann zudem eines hervorragend geübt werden: die Herstellung des Selbstbezugs. Es findet idealerweise gleich zu Beginn eine Abkehr vom nach außen gerichteten Vorwurf und eine Umlenkung der Aufmerksamkeit zum eigenen inneren Anteil statt – zur Erkenntnis, dass Sie auf bestimmte Weise mit dem Geschehen in Resonanz stehen und Sie selbst Teil davon sind.

Ist für das Feld 1 der Leitbegriff gefunden, wird er zur besseren Übersicht in Großbuchstaben notiert. Sie können anschließend im Stressfeld des Tetragramms weitere Aspekte auflisten. In den beispielhaft ausgearbeiteten zwölf Tetragrammen in Teil 4 dieses Buches sind meist nur fünf Begriffe pro Feld gewählt, jedoch gibt es für Sie hier keine Einschränkung, weder hinsichtlich der Anzahl noch der inhaltlichen Formulierung. Es können mehr oder weniger als fünf Begriffe sein, die vor allem geeignet sein sollten, die Formen der Belastung und des möglichen Schmerzes zu benennen. Hier darf und soll alles aufgeschrieben werden, was der Konflikt für Sie bedeutet, welche Gefühle hauptsächlich damit verbunden sind, was das Thema mit Ihnen macht. Somit kann sich das Feld 1 sehr schnell füllen, und wir schlagen vor, die dabei entstehenden Gefühle und Folgen etwas weiter außen, am Rand des Arbeitsblattes, zu notieren.

Vielleicht sind Sie nun erstaunt, wie viel bereits auf der ersten Seite der Medaille zu entdecken und zu erfahren ist. Und ein Verweilen in diesem Feld ist von Vorteil und sogar geboten. Sowohl Neueinsteiger als auch wirklich geübte Anwender der Methode überspringen gern die Beschäftigung mit dem Stressfeld 1 und wollen schnell in das Sehnsuchtsfeld 2 wechseln. Damit tut sich jedoch niemand einen Gefallen.

Bevor Sie sich aus dem Feld 1 lösen, gibt es eine weitere Frage, die Sie sich stellen sollten. Sie hat nicht ausschließlich mit dem Feld 1 zu tun, könnte aber klären, wie groß Ihr Wunsch und mehr noch Ihre Fähigkeit ist, aus dem Problembewusstsein heraus neue Entwicklungsmöglichkeiten auszumachen. Dafür legen Sie am besten eine kurze Pause ein, nachdem Sie nochmals alle Begriffe im Feld 1 genau betrachtet haben, und beantworten danach folgende Frage: »Wenn die negative emotionale Ladung in diesem Thema nicht bestünde, wer und wie wäre ich dann, wie würde ich mich dabei fühlen? Gibt es ein Bild dazu?«

Diese Frage zielt darauf ab, die eigenen Ressourcen und Möglichkeiten für eine Veränderung der belastenden Situation zu erkennen. Wie schon erwähnt, befinden wir uns im Feld 1 auch im Reich der eingefahrenen Muster, dem

Komfortfeld. Die Antwort auf die gerade genannte Frage ist daher wesentlich. Denn falls Sie gar kein Bild, gar kein Gefühl dafür haben, wie es ist, wenn die Belastung wegfällt und keine Ladung mehr drückt, bedeutet es ja, dass der Blick hinaus nicht mehr so recht gelingen will und Handlungsalternativen und neue Sichtweisen eingeschränkt sind. Falls aber sofort ein Gefühl oder ein inneres Bild entsteht, wie Sie ohne die Belastung leben würden, dann verfügen Sie meist über genügend Ressourcen, um sich auch tatsächlich aus dem Problemfeld zu lösen und neue Sichtweisen umzusetzen.

Im Fall, dass die Frage unbeantwortet bleibt, empfiehlt es sich, noch nicht in die *4 Seiten der Medaille* einzusteigen und stattdessen lieber mit Hilfe einer inneren Bilderreise oder Meditation erste Klärungsschritte zu unternehmen und sich auf diese Weise vorzubereiten. Ebenso könnten Sie sich ein Blatt Papier nehmen und eine kleine Geschichte schreiben, in der zum Beispiel von einem Dorf erzählt wird, das genau mit dem Problem konfrontiert ist, das Sie im Feld 1 notiert haben, und Sie wechseln dann in der Geschichte zu einem Dorf, in dem die Dinge anders laufen. Oder Sie lassen das personifizierte Problem einen Brief schreiben, in dem es alles vorbringt, was es schon immer sagen wollte. Oder Sie malen etwas zu diesem Thema. Der Kreativität sind keine Grenzen gesetzt, um sich vorzubereiten und für den Veränderungsprozess zu öffnen.

In **Feld 2** kommt der Gegenpol zum Stressfeld 1 ins Spiel. Wieder gilt es, einen Leitbegriff festzulegen. Er muss eindeutig einen Gegenpol zum Leitbegriff im Feld 1 darstellen und wird in Feld 2 ganz oben ebenfalls in Großbuchstaben eingetragen. Dabei ist selbstverständlich darauf zu achten, dass dieser Gegenbegriff für Sie konstruktiv ist. Falls dies nicht zutreffen sollte, war schon der Begriff im Feld 1 falsch.

So wie Sie im Feld 1 eindeutig den Stress verorten, ist das Feld 2 eindeutig positiv besetzt. Es stellt so etwas wie einen sicheren Hafen dar, den Platz jenseits des Leidensdrucks, des unangenehmen Verhaltens oder der Stresssituation. Auf diese zweite Seite der Medaille richtet sich Ihre Sehnsucht, hier suchen Sie Zuflucht vor der Belastung, der Sie zuvor im Feld 1 ausgesetzt waren. So heißt das Feld 2 Sehnsuchts- oder auch Zufluchtsfeld. Um auch schon einem möglichen Schattenaspekt dieses Feldes Raum zu geben, können Sie in ihm außerdem einen Fluchtort sehen. Es besteht ja vor allem bei starker Belastung der Wunsch, alles Übel nur noch hinter sich zu lassen und in die vermeintlich heile, angenehme Welt des Gegenpols zu fliehen – was aber letztlich nur vor neue schwierige Aufgaben stellt.

Im Feld 2 setzen Sie unter den positiven Leitbegriff – als dem Gegenpol vom Leitbegriff aus Feld 1 – weitere Eigenschaften, Verhaltensweisen und natürlich auch Gefühle, die Sie mit diesem Sehnsuchtsfeld verbinden. Dabei brauchen Sie nicht für jeden im Feld 1 aufgelisteten Begriff das Gegenteil zu suchen; das ist nicht notwendig. Dies gilt auch für Ihre Notizen für die übrigen Felder 3 und 4.

Wenn das Feld 2 ausgefüllt ist, haben Sie die erste Achse der Polarität dargestellt, wobei das Stressfeld 1 immer schlechter bewertet wird als das Sehnsuchtsfeld 2. Aber von beider Gleichwertigkeit auszugehen wird bei der Konfliktlösung helfen und Heilung bringen; dazu können Sie sich meditativ die Frage stellen: »Kann ich die Polarität zwischen Stressfeld und Sehnsuchtsfeld als grundsätzlich gleichwertig anerkennen?« Wenn Sie sich diese Frage und die dazu vielleicht schon aufsteigenden Gedanken gestatten, wird dies sehr viel zur Entspannung hinsichtlich des Stressthemas beitragen. Daher legen wir sie Ihnen besonders ans Herz.

Bevor wir das Feld 2, die zweite Seite der Medaille, verlassen, noch ein Hinweis zur idealisierenden Projektion: Starke emotionale Ladung kommt natürlich nicht nur im negativen, sondern auch im übermäßig positiven Sinn vor – etwa wenn man all sein Glück, all seine Freude an einem äußeren Ereignis festmacht, von dem man hofft, dass es auf einen zukommen wird, oder wenn man den Blick für die realen Gegebenheiten verloren hat und sich in Illusionen verliert. Das Feld 2 eignet sich durchaus als Projektionsfeld der Idealisierung. Wir haben mehrfach den Fall erlebt, dass dieses Feld so stark mit Idealvorstellungen aufgeladen war, dass die Person den Prozess im Feld 2 beginnen musste und sich zuerst dessen Inhalte zu erarbeiten hatte, bevor sie mit Feld 1 anfangen konnte. Das ist eine Ausnahme, die jedoch zu wählen ist, wenn man den vorhandenen Stress gar nicht sieht, sondern ganz auf eine Hinwendung zum »Guten« fixiert ist.

Feld 3, die dritte Seite der Medaille, wird »Schatten im Gold« genannt, was sich davon ableitet, dass die rechte obere Seite des Tetragramms oft als Eldorado gesehen wird. Feld 3 repräsentiert den unbewussten Schattenanteil des »goldenen« Sehnsuchtsfeldes 2.

Feld 3 ist jener Ort, an dem die positiven, auch erwünschten Inhalte und Eigenschaften von Feld 2 sich ins Destruktive wandeln. Da man sich nicht so gern eingesteht, dass der ersehnte Pol im Feld 2 auch schlechte Seiten hat, ist dieses Feld 3 meist ein echtes Schattenfeld. Immer wenn die mit der zweiten Seite der Medaille verbundene Sehnsucht sehr groß ist, fällt es erfahrungsgemäß oft schwer, den Blick nach unten in das Feld 3 zu werfen. Wer hier bewusst hinsieht, für den relativiert sich meist schon der Glanz des Goldes auf der rechten Seite des Tetragramms. Das soll auch so sein, damit Sie für die Reise gut gerüstet sind; es geht in diesem in der Regel nicht allzu glanzvollen Feld 3 erneut um die Bewusstheit und Ihre Entwicklungsfortschritte.

Für die Annäherung an Feld 3 können Sie sich eine überzeichnete, übertriebene Form der Inhalte von Feld 2 vorstellen, und Sie notieren in Feld 3 alles, was Ihnen als destruktive Form des Leitbegriffes aus Feld 2 in den Sinn kommt. Etwas rechts davon schreiben Sie die Folgen, Wirkungen und Gefühle auf, die dabei entstehen.

Im Gegensatz zu den Feldern 1 und 2 verzichten wir an dieser Stelle und später auch im Feld 4 zunächst auf einen Leitbegriff.

In **Feld 4** liegt das »Gold im Schatten«, und diese Seite der Medaille bietet erstaunlich viel Potenzial, doch ist dieses oft am schwierigsten zu sehen und anzuerkennen. Ein Grund mag darin liegen, dass man sich schon so lange mit den destruktiven Eigenschaften eines Themas oder Konflikts beschäftigt hat und keinen Anlass sieht, diesem etwas Gutes abzugewinnen.

Feld 4 ist zwar ein Schattenfeld, aber eines des sogenannten lichten Schattens. Mit lichtem Schatten werden jene Aspekte des Unbewussten beschrieben, die konstruktiv sind, aber noch nicht integriert oder gelebt werden. Hier liegen Fähigkeiten, Potenziale, Talente brach. Dieses Feld ist somit die wahre Goldgrube für das, was sich aus dem scheinbar nur Negativen entwickeln kann und soll. Deshalb auch der Name »Gold im Schatten«.

Mit den vier Feldern, die Sie entsprechend Ihrer Fragestellung oder Ihrer Konfliktsituation mit Informationen gefüllt und damit personalisiert haben, können Sie nun arbeiten. Sie haben inzwischen auch erkannt, dass ein Wegdrängen oder eine blinde Flucht von Feld 1 (Stress) in Feld 2 (Sehnsucht) nicht weiterbringt, ja sogar ein schmerzlicher Rückfall in Feld 1 droht – oder eine noch härtere Landung im Feld 3 (»Schatten im Gold«). Deshalb ist es wesentlich, sich mit Hilfe von Feld 4 des Potenzials bewusst zu werden, das in Feld 1 zu finden ist.

Alle vier Seiten der Medaille, alle vier Felder des Tetragramms, gehören zusammen und sind gleichwertig für Ihr

Weiterkommen. Deshalb gehen Sie nun nochmals gedanklich durch alle vier Felder – entlang der Lemniskate und somit in der richtigen Reihenfolge von 1 bis 4. Lesen Sie nochmals die Begriffe: die beiden Leitbegriffe, die eine klare Polarität zeigen, und alle von Ihnen hinzugefügten Notizen zu Wirkungen und Gefühlen. Lassen Sie alles auf sich wirken. Sie können diese Rückschau selbstverständlich auch schriftlich machen.

Zum Schluss wählen Sie aus allen vier Feldern jeweils einen Begriff, der das betreffende Feld am besten repräsentiert. In den Feldern 1 und 2 haben Sie ja bereits einen Leitbegriff gewählt, jedoch könnte sich für Sie mittlerweile hier ein neuer Begriff als treffender erwiesen haben. In diesem Fall kreisen Sie den besseren Begriff ein, oder unterstreichen Sie ihn. Zum Schluss sollte in jedem der vier Felder ein Begriff besonders hervorgehoben sein. Wenn Sie unschlüssig sind und mehrere Begriffe in einem Feld als gleichrangig ansehen, dann heben Sie maximal zwei Begriffe in diesem Feld hervor.

Diese vier Begriffe sind die Stellvertreterbegriffe der vier Seiten, mit denen Sie noch weiterarbeiten werden.

Bei der Wahl der Stellvertreterbegriffe brauchen Sie nicht darauf zu achten, dass alle vier exakte Gegensätze bilden. Es geht hier um die beste Repräsentation des jeweiligen Feldes.

3. Über Symbole das Ganze sehen lernen

Bisher haben Sie Ihren Gefühlen und Eindrücken zu Ihrem Konfliktthema nachgespürt und dies in Begriffe gefasst. Um das Problem ganzheitlich betrachten zu können, geht es im nächsten Schritt darum, dafür Symbole zu finden. Das heißt, Sie versehen jedes der vier Felder mit einem *Sinn-Bild,* das die Zusammenhänge darstellt. Lassen Sie dabei ihrer Kreativität freien Lauf, und zeichnen Sie gleich neben dem ausgefüllten Tetragramm, was Ihnen passend erscheint. Für diesen Schritt der symbolischen Darstellung können Sie auch ein eigenes Blatt verwenden, dort ein Tetragramm einzeichnen und es nur mit Bildsymbolen füllen. Art und Größe sind beliebig; Sie müssen auch keine Reihenfolge einhalten; beginnen Sie mit jenem Feld, zu dem Ihnen als erstes ein Bildsymbol in den Sinn kommt.

Um starke innere Bilder zu finden, empfiehlt es sich, die Begriffe des entsprechenden Feldes nochmals zu lesen, dann die Augen zu schließen und sich innerlich dafür zu öffnen, was an Seelen-Bildern aufsteigt.

Sie können zudem die Felder mit verschiedenen Farben versehen oder Gegenstände auf den Feldern platzieren: eine Blüte oder ein Blatt, Figuren aus einem Spiel, ein Fläschchen Bachblüten, eine Karte aus einem Kartenset und anderes mehr.

Teil 3: Mit den vier Seiten der Medaille arbeiten

Der Punkt der Bewusstheit

Das Tetragramm hat vier Felder, die sich an einem Punkt treffen. Spätestens im Rahmen der sogenannten Symbolisierung der vier Felder ist es wichtig, sich mit der Mitte zu beschäftigen: dem Punkt der Bewusstheit.

Wenn Sie sich auf diesem Punkt befinden, sollten Sie Bewusstheit über alle vier Felder haben und alle vier Seiten als grundsätzlich gleichwertig ansehen. An diesem Punkt spüren Sie, dass alles in Ordnung ist, es keinen Fehler gibt, alles stimmig ist. Und wenn Sie aktuell mit einer Belastung konfrontiert sind, ist Ihnen gleichzeitig sehr bewusst, dass es eine Mitte gibt, jenseits von Verurteilung und Vorwurf, in der Sie frei sind. Sie haben die freie Wahl, zu welcher der vier Seiten Sie Ihre Aufmerksamkeit lenken wollen, um adäquat zu handeln.

Natürlich werden Sie diese hohe Form von Bewusstheit und Wahlfreiheit nicht allzu oft in reiner Form erleben. Aber Sie profitieren in jedem Fall, wenn Sie sich auf die Mitte ausrichten.

Häufig zeigt sich nach der Arbeit mit den *4 Seiten der Medaille,* dass man tatsächlich in der nächsten provozierenden Situation über ein differenzierteres Handlungsspektrum verfügt und authentischer reagiert. Es ist die bewusste Entscheidung, ob man agiert, verweilt, etwas lässt und aufgibt, Rede und Antwort steht, schweigt und so weiter. Aus der Mitte heraus zu handeln ist unglaublich viel angenehmer – für Sie selbst und alle Beteiligten. So können Sie zu immer mehr Themen die Mitte finden und aus dieser heraus ein stimmiges Leben führen.

Um die Arbeit mit den Symbolen für die vier Felder des Tetragramms abzuschließen, wählen Sie noch ein Symbol für die Mitte, den Punkt der Bewusstheit. Lassen Sie sich dafür wieder von inneren Bildern inspirieren.

Fügen Sie Ihr Symbol für den Punkt der Bewusstheit dann Ihren Aufzeichnungen hinzu. Vielleicht ist dafür noch auf dem ersten Arbeitsblatt mit dem Tetragramm voller Begriffe Platz, oder Sie bringen es auf dem Blatt mit dem Tetragramm voller Symbole unter – falls Sie ein solches zweites Arbeitsblatt angelegt haben. Oder Sie nehmen ein Kärtchen, versehen es mit Ihrem Symbol für die Mitte und platzieren es auf dem Tetragramm. Wenn alles an Ort und Stelle liegt, können Sie es auch gern im Foto festhalten.

Beispiel-Tetragramm

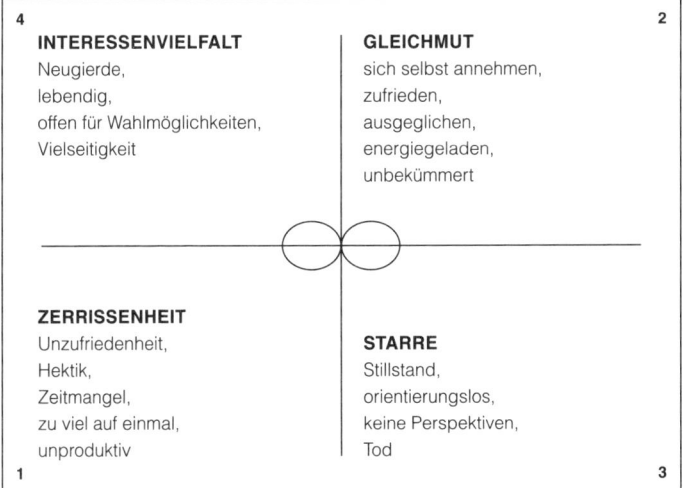

Mit Hilfe der Symbole verleihen Sie Ihren bisherigen Erkenntnissen und Informationen des Tetragramms eine neue Dimension. Auf dieser Ebene können sich selbst harte Gegensätze zu einem harmonischen Miteinander entwickeln, und damit kündigt sich schon die vierte Stufe des Prozesses an, die Integration.

Doch spätestens an dieser Stelle empfehlen wir unbedingt, eine Pause von mindestens einer Stunde einzulegen. Der nächste Schritt der körperlichen und energetischen Integration kann sogar erst einen oder mehrere Tage später begonnen werden.

4. Die körperliche und energetische Integration fördern

Abschließend ist es entscheidend wichtig, in einem vierten Schritt das bisher auf kognitiver, intellektueller, Gefühls- und Symbolebene erlangte Bewusstsein zu verankern – körperlich und feinstofflich. Die Erfahrungen aus dem NLP (Neuro-linguistisches Programmieren) zeigen, dass genau die Verankerung am besten wirkt, bei der verschiedene Ebenen der Wahrnehmung Anteil haben. Auch moderne Methoden zur Stresslösung beziehen mittels diverser Klopftechniken das körperliche Moment mit ein; eine energetische Verankerung dient dann der Abrundung – was ebenso das Vorgehen bei unserem Prozess der *4 Seiten der Medaille* ist.

Wir stellen Ihnen hier einige Varianten der Integration

vor. Wählen Sie das für Sie Passende aus; Sie können diese Integrationsübungen auch kombinieren.

Lemniskate und Kreis: Mit dem Zeigefinger oder der ganzen Hand streichen Sie langsam über alle vier ausgefüllten Felder des Tetragramms. Sie beginnen links unten im Feld 1 und fahren langsam nach rechts oben in das Feld 2, folgen dann weiter der Lemniskate über die Felder 3 und 4 zurück in das Feld 1. Diese Achterbewegung wiederholen Sie langsam drei bis sieben Mal. Danach machen Sie dasselbe mit der anderen Hand. Stets folgen die Augen der Hand- oder Fingerbewegung und vollziehen damit ebenfalls eine liegende Acht, was zu einer besseren Integration in beiden Gehirnhälften führt.

Während dieser Übung atmen Sie bewusst und langsam und versuchen, auch innerlich alle vier Felder zu vereinen. Dabei nehmen Sie die Mitte der Lemniskate bewusst als Mittelpunkt wahr, zunächst ohne dort zu verweilen.

Erst zum Abschluss verbleibt der Finger oder die Hand noch eine Zeit lang in der Mitte, bevor Sie die Hand wechseln oder die Bewegung beenden.

Diese Übung lässt sich ausweiten, indem Sie nach einigen Achterschleifen im Übergang von Feld 2 zu 3 aus der Lemniskate aussteigen und den Kreis um die ganze Lemniskate im Uhrzeigersinn fortschreiben und ihn auch drei bis sieben Mal entlangfahren. Dann wechseln Sie an derselben Stelle wieder zurück auf die Lemniskate und beenden nach drei weiteren Achterschleifen die Übung in der Mitte.

Dieses Nachzeichnen oder Kreisen sollten Sie mindestens eine Woche lang täglich praktizieren. Sie brauchen dafür nur wenige Minuten und erreichen eine nachhaltige Integration des bearbeiteten Themas.

Um dabei nicht das Arbeitsblatt mit sämtlichen Begriffen mit sich führen zu müssen, reicht auch ein kleiner selbsthaftender Zettel mit aufgezeichnetem Tetragramm, der Lemniskate und den vier Stellvertreterbegriffen aus jedem Feld. Solch einen Zettel können Sie außerdem dort befestigen, wo Sie ihn tagsüber gut im Auge haben, und sollten im Vorbeigehen die beschriebene Übung oder zumindest ein paar Achterschleifen mit einem Finger machen.

Integrationssymbol: Mit Symbolen haben Sie bereits das Tetragramm angereichert, und sie eignen sich auch sehr gut für die abschließende Integration. Dafür wählen Sie ein einziges Symbol, das alle vier Seiten der Medaille zusammenfasst. Sie können es auf dasselbe Blatt Papier zeichnen, auf dem sich schon das Tetragramm mit den Begriffen befindet, oder auf ein separates Blatt. Oder Sie malen es über alle Felder des Blattes mit Symbolen, falls Sie ein solches angelegt haben. Dieses neu zu erschaffende Integrationssymbol vermittelt, dass alle vier Seiten wesentlich sind und ein Ganzes bilden. Sie können es ebenso wie die Stellvertreterbegriffe auf ein Kärtchen zeichnen und gut sichtbar aufhängen.

Es wurde bereits die Möglichkeit erwähnt, die vier Felder des Tetragramms mit Farben, Gegenständen, Bachblüten oder Symbolkarten zu versehen. Entsprechend lässt sich der Integrationsprozess dadurch unterstützen, dass Sie zum Beispiel eine Blütenmischung herstellen, die Nuancen aller vier Felder in sich trägt, oder eine weitere Symbolkarte für das ganze Tetragramm ziehen. Es geht im Grunde immer darum, etwas Neues entstehen zu lassen, das alle Aspekte des Tetragramms einschließt.

Bodenanker: Die stärkste Form der Integration ist die Verwendung von sogenannten »Bodenankern«. Ein Bodenanker repräsentiert stets eine Seite der Medaille – also Feld 1, 2, 3 oder 4. Dazu kommen noch ein Bodenanker für die Mitte und einer für eine neutrale Position. In der Praxis nimmt man sechs Kärtchen im Format A6 oder A5 und beschriftet diese wie folgt:
- Vier Karten tragen je den Stellvertreterbegriff aus jedem der vier Felder.
- Ein Kärtchen symbolisiert die Mitte. Auf dieses Kärtchen schreiben Sie entweder das Wort »Mitte« oder zeichnen die Lemniskate auf, oder Sie verwenden Ihr eigenes Symbol für die Mitte.
- Das sechste Kärtchen steht für eine neutrale Position und bleibt daher leer.

Alle sechs Kärtchen werden, wie im Folgenden abgebildet, auf den Boden gelegt. Der Abstand zwischen den Kärtchen beträgt etwa 50 cm. Sie dienen als Bodenanker, die Sie im Laufe der Übung mehrfach betreten.

Teil 3: Mit den vier Seiten der Medaille arbeiten

Schema: Bodenanker zur energetischen Integration

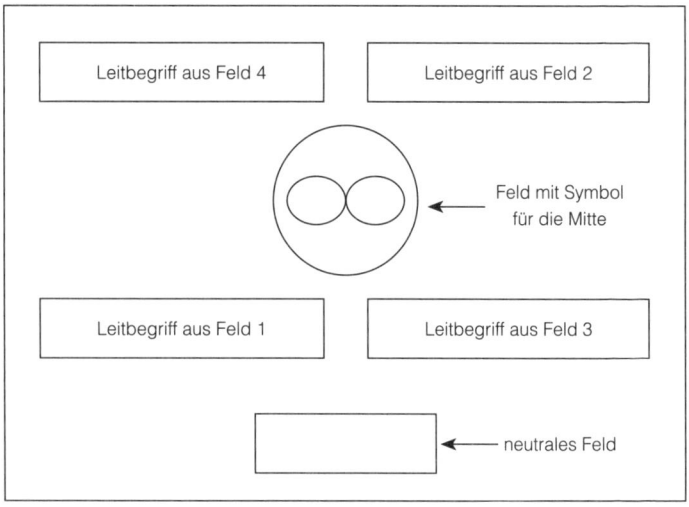

Beispiel: Bodenanker zur energetischen Integration

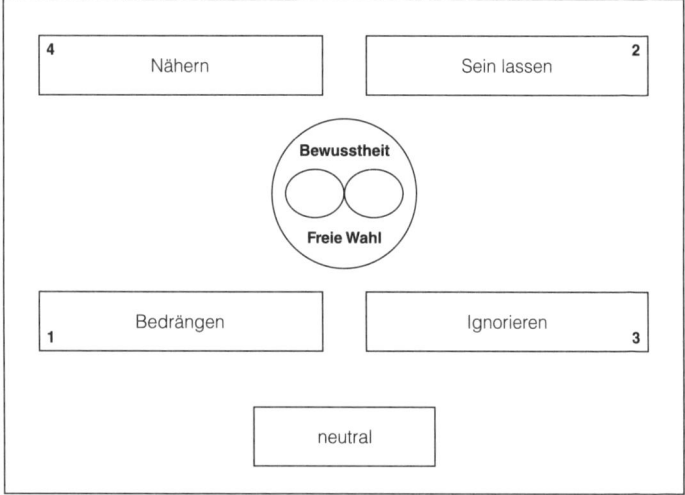

Sie können die Bodenanker ganz spielerisch und frei einsetzen. Hier ein paar Tipps dazu (siehe auch den kostenlosen Download auf: www.4seiten.com):
- Sie beginnen langsam und mit Bedacht, ein- oder mehrmals im Kreis um alle vier Kärtchen mit den Stellvertreter-Begriffen zu gehen. Dabei blicken Sie auf die Kärtchen.
- Dann zeichnen Sie im Gehen mehrmals eine liegende Acht nach, so wie auf Seite 87 als Übung für die Hand beschrieben. Danach stellen Sie sich auf das neutrale Kärtchen und überblicken die vier Seiten und die Mitte.
- Danach können Sie die Bodenanker in beliebiger Reihenfolge betreten, auf ihnen verweilen, die Felder wechseln. Sie betreten auch bewusst die Mitte und von dort wieder alle vier Felder.
- Um die Übung zu beenden, gehen Sie nochmals in ein paar Achterschleifen über alle vier Felder und über die Mitte und schließen zuletzt mit einem Kreis.

Für die ganze Übung sollten Sie sich mindestens 15 Minuten Zeit nehmen.

Gehen Sie in einer offenen Haltung in diese Übung, und lassen Sie sich von der Energie und der Botschaft jedes Feldes überraschen. Streifen Sie Erwartungen ab. Da die Übung zum Ziel hat, mit dem ursprünglichen Konfliktthema ins Reine zu kommen, lohnt ein mehrfaches Betreten des Stressfeldes 1 sowie ein Blick von allen anderen Feldern und insbesondere von der Mitte aus auf dieses Feld 1. Und es lohnt ein Verweilen im Feld 2, dem Sehnsuchtsfeld, um zu spüren, wie es ist, wenn Sie dort ankommen und sich länger in diesem Feld aufhalten. Es lohnt ein Verweilen im Feld 3, um die Schattenseiten des Sehnsuchtsfeldes zu spüren, das sich nun möglicherweise in neuem Licht zeigt. Und es lohnt ein Verweilen im Feld 4, um zu spüren, wie viel Potenzial im Stressfeld 1 steckt. Die Mitte kann dabei als eine weise Institution gesehen und gespürt werden, von der aus Sie alle Felder möglichst gleichwertig betrachten. In der Mitte können Sie sich frei fühlen. Frei davon, in eines der Felder gehen, es bewerten oder ablehnen zu müssen. In der Mitte ist alles möglich und nichts vorgeschrieben. Somit repräsentiert besonders dieser Bodenanker jenen Platz, an dem Sie ein neues Bewusstsein – zumindest in Hinblick auf das Stressthema – erreichen.

Das neutrale Feld ist entkoppelt von den fünf anderen Feldern. Hier können Sie durchatmen und sich der Reflexion des bisher Erlebten und Gespürten widmen.

Es empfiehlt sich, zeitweise die Augen zu schließen, vor allem wenn Sie auf einem der Kärtchen stehen. Es hilft, sich ganz darauf einzulassen, was im und mit Ihrem Körper passiert, welche inneren Bilder aufsteigen, welche Farben, Töne, Gerüche oder Geschmacksnoten Sie empfinden. All das muss nicht intellektuell verarbeitet oder erfasst werden. Es reicht, zu spüren und zu fühlen.

Bei den Bodenankern in Form von beschrifteten Kärtchen geht es vor allem um die Gefühlsebene, um Gefühle, die Sie mit den Begriffen und den dahinterliegenden Themen verbinden. Die Bodenanker repräsentieren unter anderem den Stress, die Freude, die Angst, die Wärme und die Kälte, die das Stressthema selbst oder die Begriffe der anderen Feder auslösen können. Je mehr Sie sich auf das Gefühl einlassen, das beim Betreten des jeweiligen Bodenankers entsteht, umso wirksamer ist die Übung.

Werte und Wertungen

Die Gleichwertigkeit aller vier Seiten der Medaille wahrzunehmen und anzuerkennen ist natürlich ein Ideal. Bei manchen Themen wird dies durchaus gelingen, und so manches Stressthema löst sich von selbst auf, wenn der richtige Zeitpunkt gekommen ist. Bei anderen (Lebens-)Themen ist dies nicht so einfach möglich, und eine Klärung verlangt größere Anstrengungen auch im Rahmen einer Schattentherapie (siehe Angebote des Heil-Kunde-Zentrums Johanniskirchen).

In erster Linie sind Sie aufgerufen, Qualitäten wahrzunehmen und Ihr eigenes Wertesystem aufzubauen und auch kritisch zu hinterfragen. Dazu werden die Begriffe »konstruktiv« und »destruktiv« gewählt. Als praktische Hilfe empfiehlt es sich, folgenden Satz zu vergegenwärtigen: »Ich sehe den **destruktiven** Pol, sehe die Qualität, die er beherbergt, sehe, wohin er mich bisher gebracht hat, und bin dankbar dafür. Ich wende mich jetzt bewusst den **konstruktiven** Seiten zu.«

Das wäre ein schöner Auflösungsprozess, bei dem Sie sich bewusst für eine Qualität, nämlich für die »konstruktive«, entscheiden, jedoch die andere, die »destruktive«, nicht ablehnen, sondern sie als Teil des Ganzen schätzen.

Teil 3: Mit den vier Seiten der Medaille arbeiten

Unterstützung bei der Selbsterforschung und Gedankenklärung

Neben der Übung des ersten aufsteigenden Gedankens (siehe Seite 51 ff.) haben sich zwei Instrumente bewährt, um die Arbeit mit den 4 *Seiten der Medaille* zu unterstützen: ein Fragenkatalog und die Übung »Übersetzungsbüro«:

Fragen zur Selbstreflexion: Für jedes der vier Felder gibt es eine oder mehrere Fragen, die zur Selbstreflexion im entsprechenden Feld anregen.[1] Diese Fragen können Sie entweder direkt im Anschluss an die Begriffsfindung in den einzelnen Feldern beantworten oder erst nach der Aufschlüsselung in alle vier Felder.

1. Feld 1: »Wo bin ich selber so, verhalte mich anderen oder mir selbst gegenüber ähnlich, wenn auch auf anderen Gebieten?«
2. Feld 2: »Wie bewusst und konsequent lebe ich selber den Gegenpol zur belastenden Eigenschaft?«
3. Feld 3: »Wie sehr sind mir die Schattenseiten der in Frage 2 genannten konstruktiven Eigenschaften und Verhaltensweisen bewusst, und wo neige ich dazu, diese eher zu leben als die gewünschten konstruktiven Seiten?«

---

1 Auf www.4Seiten.com finden sich Downloads mit allen hier gestellten und weiteren Fragen zur Selbsterforschung.

4. Feld 4: »Wie sehr lebe ich die in Feld 1 verurteilte Eigenschaft, jedoch in konstruktiver Form?«

Zu den destruktiven Feldern 1 und 3 können Sie die drei Zusatzfragen beantworten:

1. »Was ist an der Grundqualität der beiden destruktiven Felder 1 und 3 anzuerkennen?«
2. »Kann ich erkennen, dass mich das ursprünglich negativ geladene Thema in meiner persönlichen Entwicklung fördern will? Und wenn ja, wie macht es das, wozu fordert es mich auf?«
3. »Wie kann und werde ich mich künftig verhalten, wenn erneut negative emotionale Ladung in diesem Themenbereich entstehen sollte?«

»Übersetzungsbüro«: Mit dieser Übung schlüsseln Sie Ihren Stressbegriff mit Hilfe von anderen Personen in seine vier Seiten auf. Es unterstützt Sie darin, ein neues Bewusstsein dafür zu gewinnen.

Dazu treffen Sie sich mit zwei bis drei Personen, die Ihnen vertraut sind und die vielleicht auch selbst Interesse daran haben, einen eigenen Begriff aufzuschlüsseln. Diese wohlgesinnten Freunde und Bekannten sollten Ihnen nicht zu nahestehen. In den Seminaren sind oft unbekannte Personen die geeignetsten, weil am ehesten neutrale »Übersetzer«. Lebenspartner, Eltern und Kinder sind als »Übersetzer« bei dieser Übung in der Regel nicht geeignet, außer es besteht ein grundsätzlich sehr entspannter Umgang miteinander oder ein hoher Grad an Bewusstheit und Selbstreflexion.

Zunächst zeichnen Sie ein leeres Tetragramm auf ein Blatt Papier und schreiben den Stressbegriff samt weiteren erläuternden Begriffen in das Feld 1, wie ab Seite 73 beschrieben. Dann lesen Sie den »Übersetzern« diese Begriffe vor. Danach nehmen Sie sich die drei weiteren Felder 2 bis 4 vor und bitten die »Übersetzer«, für jedes dieser Felder Begriffe vorzuschlagen. Dabei sollten Sie sich auf die Sammlung von Begriffen konzentrieren und nicht in die dahinterliegende Geschichte eintauchen oder darüber diskutieren. Sie selbst notieren nur die Ihrer Meinung nach passenden Einfälle ihrer »Übersetzer«. Wichtig ist, dass die »Übersetzer« lediglich Vorschläge machen. Ob und wie Sie diese Anregungen aufnehmen, bleibt Ihnen überlassen. Ein hohes Maß an Achtsamkeit aller Beteiligten ist sehr wesentlich. So könnte ein vorgeschlagener Begriff, den Sie spontan ablehnen, durchaus viel Potenzial zur persönlichen Entwicklung bieten. Es empfiehlt sich, einerseits nicht gleich alles, was Ihnen angeboten wird, zu übernehmen, andererseits auch nicht alles zu verwerfen, was Ihnen gar nicht passt.

Abgeschlossen wird die Übung mit einer Auswahl jener Begriffe, die Sie für die vier Seiten als nützlich, hilfreich und relevant erachten. Danach sollte eine der empfohlenen Arten der Integration (siehe die Hinweise ab Seite 86) durchgeführt werden.

Zuletzt bedanken Sie sich und können nun – wenn von den anderen Teilnehmern an der Übung gewünscht – auch selbst als »Übersetzer« dienen.

Diese Übung ist insofern sehr hilfreich, als es unter den Helfern im »Übersetzungsbüro« meist eine Person gibt, die mit dem stressbeladenen Thema entspannt umgeht. Es stellt für diesen Helfer kein Schattenthema dar, und seine Perspektive ist daher meist weiter als Ihre eigene.

Teil 4

Stressfelder im Privat- und Berufsleben als Chance für Entwicklung und Wachstum

Es gibt unendlich viele Gelegenheiten, einen Streit vom Zaun zu brechen, sich Sorgen zu machen, Schuld zuzuweisen, unzufrieden zu sein oder sich verärgert und verletzt zu fühlen – kurz gesagt, wir kommen im Leben mit allen möglichen Arten von negativer emotionaler Ladung in Berührung. Für dieses Buch mussten wir eine beschränkte Auswahl aus den vielfältigen Fallgeschichten treffen. So haben wir exemplarisch zwölf Stressfelder gewählt, um an ihnen aufzuzeigen, wie Sie aus Projektionen aussteigen oder eine aktuelle Krise bewältigen können. Diese Beispiele sollen Ihnen als Anschauungsmaterial dienen, um selbstständig die *4 Seiten der Medaille* anzuwenden, wann immer Sie sich aus einer Polarisierung befreien, Schattenthemen klären und wieder in Ihre Mitte kommen wollen. Diese Beispiele bieten vor allem Inspirationen zur eigenen Stoffsammlung für den Weg mittels Lemniskate durch das Tetragramm.

Bei den ersten neun Stressfeldern haben wir die Beispiele so aufgebaut, dass jemand durch eine andere Person mit einem Vorwurf oder einer Anklage konfrontiert ist. Die letzten drei Beispiele drehen sich um Konflikte ohne direkten Vorwurf von und nach außen, denn man kann sich auch durch ein Stressthema belastet fühlen, ohne dass der Auslöser eine Beschuldigung oder ein Fehlverhalten eines anderen ist. Der große Vorteil der Methode der *4 Seiten der Medaille* liegt darin, dass sie bei allen Arten von Belastungen greift, einerlei welchen Ursprungs sie sind oder wer darin noch verwickelt ist oder welche Dimension der Leidensdruck bereits angenommen hat.

(Selbst-)Vorwürfe eignen sich ideal als Basis zur eigenen Entwicklung. Zu Vorwürfen und Beschuldigungen kommt es in allen Bereichen des menschlichen Miteinanders, aber auch höhere Mächte, das Schicksal und Gott können zur Zielscheibe von Anklagen und Projektionen werden. Selbstvorwürfe beziehen sich in der Regel darauf, nicht gut genug zu sein oder versagt zu haben und sie werden auch gern nach außen gerichtet. Umgekehrt sind Vorwürfe an andere Personen oftmals auch nach innen gerichtet. Im Vorwurf: »Du bist so dumm!« steckt vielleicht auch der (noch) unbewusste Selbstvorwurf: »Ich bin so dumm!« Dass der Vorwurf, der auf den anderen zielt, zudem auch auf einen selbst gerichtet ist, lässt sich nicht immer auf den ersten Blick erkennen. Doch persönliche Entwicklung gelingt immer nur über das Zurücknehmen von Schuldzuweisungen und Vorwürfen und das Erkennen des eigenen Bezugs oder Anteils. Dies lässt sich entlang von *drei Schlüsselfragen* schnell deutlich machen: 1. »Ist der andere denn zu sich auch so?«, 2. »Bin ich auch zum anderen so?« und 3. »Bin ich auch zu mir so?« Die folgenden Fallbeispiele illustrieren vor allem diesen Bewusstwerdungs- und Klärungsprozess.

Vorwürfe, die Sie nach außen an andere richten, führen automatisch zu Ihnen selbst zurück. Um sich davon zu lösen und die konflikträchtige Situation zu verändern, ist es immer am besten, bei sich selbst zu beginnen. Mit den 4 *Seiten der Medaille* können darüber hinaus auch allgemeine Themen bearbeitet werden, unabhängig davon, ob ein Vorwurf besteht oder nicht.

Die Anwendung der Methode der *4 Seiten der Medaille* auf ein persönliches Thema wird erfahrungsgemäß gerade dort herausfordernd sein, wo Sie besonders unter dem Verhalten einer anderen Person oder der eigenen Unzulänglichkeit leiden. In der aktuellen Situation ist es nicht immer einfach, sich alle vier Seiten der Medaille bewusst vor Augen zu führen. Ein Blick in diesen Teil des Buches zum entsprechenden Themenfeld könnte dann unter Umständen hilfreich und motivierend sein, auf die Suche nach den vier Seiten der Medaille zu gehen und ein Tetragramm zu erstellen, das den persönlichen Konflikt zu bearbeiten hilft.

Bestimmt fällt es Ihnen beim Lesen manchmal sehr leicht, alle vier Seiten nachzuvollziehen. Bei anderen Stressthemen wird sich das Gefühl, ein bisher negativ geladener Begriff hätte auch seine guten Seiten, nicht sofort einstellen. Dann ist dieses Thema im wahrsten Sinne des Wortes besonders reizvoll und könnte für Sie größere Bedeutung haben oder noch bekommen. Hier lohnt es sich dann umso mehr, die konkreten Namen der Beteiligten einzusetzen, für sich persönlich das Tetragramm zu erstellen und sich – bezogen auf die eigene Situation – die vier Seiten der Medaille genauer anzuschauen.

Praxistipp

In den folgenden 12 Kapiteln wird jeweils im Abschnitt »Der Weg durchs Tetragramm« jede einzelne der vier Seiten der Medaille genau erläutert – wie üblich beginnend im Feld 1 links unten. Zu Übungszwecken können Sie nach den Erläuterungen zum Feld 1 selbst ein leeres Tetragramm erstellen und dieses bereits vor unseren Lösungsvorschlägen selbst mit Begriffen in den Feldern 2 bis 4 ausfüllen. Dies kann entweder für alle Felder zugleich erfolgen oder Schritt für Schritt vor der Auflösung des jeweils nächsten Feldes. Diese Übung ist sehr hilfreich, um die Methode zu erfassen und damit auch eigene Themen bearbeiten zu können.

Desinteresse ∞ Interesse

Eva an Adam: »Du erkennst mich nicht an. Du interessierst dich nicht für mich!«

Der Vorwurf, dass der andere nicht genügend Interesse und Anerkennung zeige, wird in Partnerschaften häufig von der Frau erhoben. Doch auch dieses Problem ist (arche-)typisch, somit auf viele Situationen und Paare übertragbar, und Frauen können ebenso damit konfrontiert sein.

Wenn Sie selbst zu diesem Stressfeld – inspiriert durch diese Fallgeschichte – gleich Ihr persönliches Tetragramm erarbeiten, sollten Sie natürlich Ihren eigenen Namen und den der anderen Person verwenden. Außerdem ist es dann für Sie wichtig, auch den in Teil 3 beschriebenen Vier-Stufen-Prozess individuell zu vollziehen. Die Arbeit mit Symbolen (Stufe 3) und die Schritte der körperlichen und feinstofflichen Integration (Stufe 4) fehlen zudem bei diesem und den weiteren elf Fallbeispielen aus praktischen Gründen.

In Evas Vorwurf schwingt vieles mit, vor allem Unzufriedenheit über das mangelnde Interesse des Partners für ihre Seelentiefe, in der sie sich als Frau weder erkannt noch verstanden fühlt. Eva meint, dass Adam ihr keine Wertschätzung entgegenbringt; sie fühlt sich nicht ernst genommen und nicht genug in ihren Bedürfnissen beachtet. Das ist die erste Betrachtungs- oder Vorwurfsebene. Auf ihr gehen wir nun weiter auf eine vergleichsweise emotional neutralere Anschauungsebene mit *Frage 1*, ob Adam sich überhaupt selbst erkennt und ob er sich überhaupt für seine eigene Seele interessiert.

Eva wird dies in aller Regel nach kurzem Nachdenken verneinen. Adam macht auf sie nicht den Eindruck, als erkenne er sich selbst; schlimmer noch, es scheint ihr, als interessiere er sich weder für ihre noch für seine Seele. Eigentlich glaubt er gar nicht an die Seele – aber dies lässt sich im Augenblick nicht ändern oder ausdiskutieren, weil Adam weder anwesend ist noch beim Erstellen des Tetragramms konkret Anteil nimmt.

Nun stellt sich die *Frage 2*, ob denn Eva überhaupt Adam anerkennt und sich für ihn und seine Seele interessiert. Wiederum nach kurzem Überlegen wird Eva erklären, wie gern sie das möchte, aber dass es einfach nicht möglich sei, weil Adam sich ihr gar nicht zeige, sie nicht an sich heranlasse.

Da der abwesende Adam weder auf den Vorwurf antworten noch sich rechtfertigen kann, geht es gleich weiter zur *Frage 3,* ob Eva sich denn selbst achte und anerkenne. Das wird Eva einen Moment stutzig machen, aber dann wird sie, ihrem alten Projektionsmuster folgend, ähnlich wie bisher antworten: »Ich würde mich gern selbst anerkennen, aber das geht nicht, weil ich so im Clinch mit Adam liege und davon völlig blockiert bin und mein ganzes Leben darunter leidet.« Eva meint, sie komme zu gar nichts, nicht einmal zu Selbsterkenntnis. An Evas Problemen ist scheinbar nur Adam schuld. Damit sind wir noch mitten im bekannten Land der Projektion, in dem außer Verhärtung der Fronten wenig zu erreichen ist. Vor allem wenn es auf dieser Schiene des »Immer mehr vom selben« bleibt, also noch mehr Vorwürfe, noch mehr Projektionen und noch mehr entsprechende Gegenvorwürfe. Dies kann zu keiner Lösung führen.

Auf der Ebene des Selbstbezugs eröffnet sich aber eine neue Chance. Hier könnte Eva etwas verändern und braucht Adam gar nicht dazu. Gelingt es ihr, sich hier selbst Mut zu machen, würde sich auch eine so verfahrene Situation noch gut lösen lassen. Falls Eva bei sich selbst anfängt, bevor sie sich an die mit Adam geteilte Ebene macht, hat sie sehr gute Karten. Und selbst die schwierigste Ebene,

die des ursprünglichen Beschuldigten, also von Adam, ist dann besser beeinflussbar.

Wichtig ist nun, dass Eva tatsächlich anfängt, sich zu erkennen und sich für ihre Seele zu interessieren, und zwar ganz unabhängig von Adam. Erlangt sie Erkenntnis von sich und ihrer Seele(ntiefe), ihrem Bewusstsein, wird ihr das guttun und Adam vielleicht sogar auffallen. Was sie zur Erlangung dieser Erkenntnis unternimmt, kann sie auf ihrer Seelen-Bilder-Ebene selbst herausfinden, wenn sie in sie eintaucht.

Erst wenn dieser Prozess der Selbsterkenntnis ein gutes Stück gediehen ist und Eva weiter zu sich gebracht hat – und dafür darf sie sich ruhig Zeit nehmen, auch ein paar Monate –, folgt der nächste Schritt. Eva versucht, Adam in seiner Seele, seinem Bewusstsein zu erkennen, und interessiert sich für seine persönliche Art und womit er sich beschäftigt. Wenn Eva sich nach längerer Zurückhaltung, während ihrer Beschäftigung mit sich selbst, nun wieder Adam zuwendet, wird ihm dies auffallen. Und Eva wird mehr Erkenntnis über ihn erlangen, weil er sich ihr bereitwilliger öffnen wird nach dieser längeren Pause, in der sie ganz bei sich war und ihn gleichsam links liegen gelassen hat. Da sie sich nun ohne jeden Vorwurf wirklich für ihn interessiert, gleichgültig wie er bisher war oder auf sie reagiert hat, wird er auf ihre Fragen auch offener antworten und sich vielleicht zusammen mit ihr zu Antworten vorzutasten lernen. Das Weglassen aller Vorwürfe ist der Schlüssel zur erfolgreichen Bewältigung dieser Ebene. So wird Eva zusätzlich zu ihren Selbsterkenntnisschritten auch Adam deutlich besser erkennen und verstehen lernen, und das wird ihnen beiden guttun und ihnen eine neue Form der Kommunikation ermöglichen.

Eva wird ihrer Natur gemäß noch nicht vollends zufrieden sein, da sie sich wünscht, Adam erkenne sie von sich aus und nicht nur, weil sie ihn ohne sein Wissen in dieses Selbst-Erkenntnis-Programm verwickelt hat. Sie möchte auch auf die letzte Ebene, wo es um Adams Selbsterkenntnis geht, nicht verzichten. Dieser Punkt ist der schwierigste und legt nahe, Adam spätestens jetzt in das laufende Programm einzuweihen, sodass sie beide nicht mehr auf die Vorwurfsebene des Anfangs zurückfallen. Eva kann Adam erklären, wie gut es ihr getan hat, sich zu erkennen, ihn zu erkennen, und wie schön es ist, sich gegenseitig zu erkennen, wie er es gerade selbst miterlebt. Möglicherweise hilft es, wenn Eva ihm mitteilt, was ihr geholfen hat.

Gelingt Adam noch dieser letzte Schritt, können beide zusammen einen großen Erfolg feiern – und ihn als Vorbereitung für weitere Schritte in Richtung der *4 Seiten der Medaille* nutzen und dort alle Vorwürfe in Chancen wandeln sowie die Vorwurfsebene in Zukunft meiden. Dazu ist es wichtig, sich diesen ersten Sieg nochmals auf allen Ebenen ganz bewusst zu machen und die entscheidenden drei Fragen nicht zu vergessen.

1. *Ist Adam denn zu sich auch so?*
2. *Ist Eva auch zu ihm so?*
3. *Ist Eva auch zu sich so?*

Der Blick zurück kann nicht nur Eva, sondern auch Adam zeigen, was der ganze Prozess an Erkenntnis gebracht hat: Die Fragen »Wie hat mich sein mangelndes Erkennen weitergebracht? Und wie hat sich die beklagte Situation für mich und letztlich auch für ihn gewandelt?« können das Grundsätzliche an diesem Vorgehen offenbaren.

Im Hinblick auf die gemeinsame Zukunft ist zu fragen: »Gibt es noch anderes, das wir uns vorwerfen? Gibt es weitere Vorwürfe, die uns auf diese Weise zuerst jeweils mehr zu uns selbst und dann mehr zueinander bringen könnten?« Empfehlenswert ist, gleich eine Sammlung der Vorwürfe anzulegen und sie zum Anlass neuerlicher Klärungsprogramme zu machen. Wichtig ist dabei, sich wirklich für jede Klärung Zeit zu lassen sowie gar nicht erst zu versuchen, mehrere Vorwürfe parallel zu bearbeiten oder verschiedene der notwendigen Schritte gleichzeitig tun zu wollen.

Von zentraler Wichtigkeit bleibt der Ansatz, immer bei sich selbst anzufangen, sich erst dann dem Partner – und auch nur mit Zuwendung und ohne jeden Vorwurf – zu nähern, um schließlich das (Zwischen-)Ergebnis zusammen zu genießen und zu feiern und ganz zum Schluss dem anderen die Chance zu eröffnen, jetzt auch etwas für sich zu tun, das dann natürlich auch der Beziehung wieder zugutekommt.

∞ Der Weg durchs Tetragramm

Wie schon in Teil 3 ausführlich beschrieben, ist es zunächst wichtig, einen Begriff zu wählen, der das Problem- oder

Stressfeld am besten beschreibt. Dieser Begriff soll unbedingt die emotionale Ladung ausdrücken, die Eva bei dem Thema verspürt. Für den Vorwurf »Du erkennst mich nicht an. Du interessierst dich nicht für mich!« wäre das Stichwort Anerkennung nicht passend, denn es ist ja die fehlende Anerkennung, die Eva Probleme bereitet. Zutreffend wären Ignoranz, Desinteresse oder Missachtung. Eva wählt Desinteresse, um den Vorwurf zu bezeichnen. Diesen den Vorwurf oder Stress definierenden Begriff trägt Eva in Feld 1 ein. Als Gegenpol hat sie Interesse gewählt und schreibt ihn in das Feld 2. Nun sammelt Eva weitere Stichwörter zu den beiden gegenpoligen Begriffen und notiert sie in den jeweiligen Feldern. Dabei zeigt sich gleich, dass sie einen Pol, nämlich Interesse, als positiv und förderlich wertet, den Gegenpol Desinteresse als eher negativ und hinderlich. Dennoch sind diese beiden Begriffe die zwei Seiten derselben Medaille. Eines gäbe es ohne das andere nicht.

Nun wendet sie sich den anderen beiden Feldern des Tetragramms zu: Feld 3 mit den destruktiven Seiten von Interesse und Feld 4 mit den konstruktiven Aspekten von Desinteresse. Beides sind Schattenfelder, weil sie oftmals im Unbewussten liegen; doch die Chance einer Erweiterung der Sichtweise ist beim Sammeln von Stichwörtern hier besonders groß. Um die *4 Seiten der Medaille* in ihrer Ganzheit zu erfassen und zu komplettieren, ist immer auch eine Art Rehabilitation der »destruktiven« Aspekte geboten, also der Felder 1 und 3. Denn sonst verfiele man ja erneut der Wertung, dass destruktiv grundsätzlich schlechter ist als konstruktiv.

Eva trägt jeweils ihre Erkenntnisse, die sie vor allem mit Hilfe der Technik der Achtsamkeit für den ersten aufsteigenden Gedanken gewonnen hat, ein: in Feld 3 die »Auswüchse« eines überzogenen Interesses, in Feld 4 die Vorteile, wenn ihr nicht zu viel Interesse geschenkt wird und sie nicht ständig unter Beobachtung steht.

Tetragramm: Desinteresse ∞ Interesse

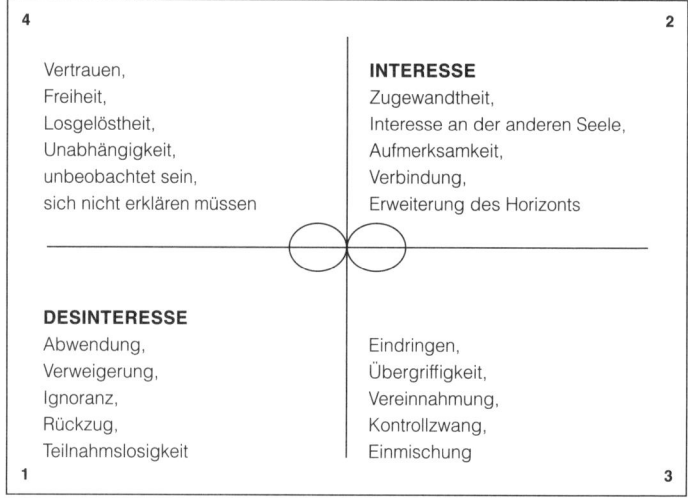

Nachdem Eva das Tetragramm auf diese Weise erstellt hat, kehrt sie zum ursprünglichen Vorwurf zurück, in unserem Beispiel, dass Adam sie nicht sieht und anerkennt, sich nicht für sie zu interessieren scheint. Nun kann Eva überprüfen, ob sie tatsächlich die volle Aufmerksamkeit und das ausschließliche Interesse von Adam haben will oder ob das auch zu viel des Guten sein kann. Könnte Adam sie möglicherweise damit einschränken, ja erdrücken? Außerdem ist zu prüfen, ob Adams Desinteresse nicht auch Möglichkeiten zu Entfaltung und Freiheit bietet. Und vor allem, ob es Eva nicht auch gut anstünde, mehr Vertrauen in sich selbst zu haben. Indem sie ihr Leben unabhängig davon lebt, wie sehr Adam sich für sie interessiert, könnte dies ihr zeigen, wie wertvoll sie ist. Hier spannt sich auch der Bogen zur Aufforderung, den Bezug zu sich selbst zu erkennen, das heißt, wo Eva gefordert ist, sich um sich selbst zu kümmern, sich selbst anzunehmen, sich für sich selbst zu interessieren. Das wird Eva – wenn sie dem Aufruf folgt – ein Gefühl von mehr Unabhängigkeit geben und sie von der Erwartungshaltung wegbringen, dass Adam sie sehen müsste, dass er stets an ihr interessiert oder auch für sie interessant zu sein hat. Es wird sie dahin führen, dass das Interesse von ihm zu ihr und von ihr zu ihm aus einer freien und stets erneuerten Entscheidung entsteht. Diese Freiheit wird dem Resonanzgesetz entsprechend natürlich auf Adam wirken, er wird sich mehr für sie interessieren, vielleicht auch für sich selbst, und wird mit ihr künftig eine sehr interessante Frau an seiner Seite haben.

Rücksichtslosigkeit ∞ Rücksichtnahme

Eva an Adam: »Du bist so rücksichtslos.«

Wir finden hier ein häufiges Szenario von Partnerbeziehungen wieder, wobei solch ein Vorwurf meist von der Frau geäußert wird. Der Konflikt ist oft mit viel Aggression verbunden, archetypisch vertreten durch Mars und das Element Feuer. Doch in unerlöster Form schlägt Aggression schnell in Gewalt und Streit um. Nicht selten spielt Aggression auch eine – zunächst – unterdrückte Rolle in anderen Stressfeldern, bis sich diese streitbare Energie irgendwann nicht mehr zurückhalten lässt und dann schließlich doch offen zutage tritt.

Eva wirft Adam dessen männliches Grundprinzip, nämlich Mars, vor, das er auf unerlöster Ebene lebt. Die erlöste Form der Aggression in Gestalt von Mut und Durchsetzungsstärke, von Konfrontationsbereitschaft und Entscheidungskraft würde Eva ihm natürlich nicht vorwerfen, sondern sie wünscht sich diese Seiten sogar bei ihm und für sich. Dass diese aus derselben Energiequelle stammen, ist ihr meist gar nicht klar. Wüsste sie es, würde sie ihre Beziehung sicher hoffnungsvoller beurteilen.

Frage 1 bringt Eva auf die Ebene des Selbstbezugs: »Ist Adam nicht nur zu mir, sondern auch zu sich so rücksichtslos?« Wenn dies der Fall ist, hat Adam ein besonders ausgeprägtes Aggressionsproblem, etwa wenn er auch sich selbst beschimpft wegen jeder kleinen Fehlleistung, wenn er wie ein völlig unbeherrschter Choleriker auf alles und jeden losgeht. Oder wenn Adam sich in Gefahr bringt, weil er nicht auf seine Gesundheit achtet und Raubbau an seinem Körper treibt. Wenn Adam tatsächlich auf ganzer Linie den harten Kerl herauskehrt, dürfte sich das Problem für Eva bereits relativieren. Sie darf sich entspannen, denn es wird offensichtlich: Adam kann einfach nicht anders und fährt eben bei jeder Gelegenheit aus der Haut. Adams Aggression trifft jeden in seiner Nähe, aber ihn selbst wohl am stärksten. Diese Einsicht könnte sie sogar aus der vorwurfsvollen Haltung in eine des Mitgefühls bringen. Immerhin schaden solche Wüteriche sich selbst letztlich am meisten und leiden nicht selten auch konkret an ihrem hohen inneren Druck. Ihr Bluthochdruck schadet dem Herz, und sie brechen schlimmstenfalls im Infarkt zusammen oder werden von einem Hirnschlag niedergestreckt. Hier hat Eva die Chance zu erkennen, dass Adam in einer Situation gefangen ist, die Mitgefühl verdient und in der er Hilfe braucht, was für beide schon eine neue Perspektive sein kann.

Wenn Adam jedoch mit sich rücksichtsvoller ist und nur auf Eva aggressiv losgeht, misst er offensichtlich mit zweierlei Maß. So wie erstere Einschätzung Eva hilft, die emotionale Ladung zu reduzieren, wird die zweite Erkenntnis nur noch mehr Ladung erzeugen. Wahrscheinlich entfacht es bei Eva, wenn sie ganz ehrlich ist, Wut und Zorn – beides ebenfalls Ausdrucksformen von Aggression. Doch in diesem Fall die Vorwürfe noch zu steigern bringt Eva in keiner Hinsicht weiter. Im Gegenteil, es wird die Situation immer mehr eskalieren lassen, was mit einem sehr unbeherrschten, aggressiven Partner gar nicht ungefährlich ist. Ein Viertel der Beziehungen in Deutschland kann – so verschiedene Studien – zu den »schlagende Verbindungen« gezählt werden; hier wird regelmäßig geprügelt. Es weist darauf hin, wie groß das Aggressionsproblem in Wirklichkeit ist – und das in einer allgemein als sehr zivilisiert angesehenen Gesellschaft.

Die *Fragerichtung 2* führt Eva auf die Ebene der Selbsterkenntnis: »Reagiere ich ebenfalls rücksichtslos auf Adam?« Im Verbund mit den üblichen Projektionen, dass es nur geschehe, weil der andere zuerst so rücksichtslos gewesen sei, fällt es oft gar nicht so schwer, sich die eigene Aggression einzugestehen – nach dem Motto: »Ja schon, aber er hat angefangen« oder »Ja, aber er war schuld«. Doch solange Projektionen stark im Vordergrund stehen, wird solche Selbsterkenntnis Eva nicht weit genug bringen. Falls sich Eva ihre eigene rücksichtslose, aggressive Seite hingegen ehrlich eingestehen kann, ist schon ein erster wichtiger Schritt getan.

Manchmal wird Eva auch gar nicht in der Lage sein, ihre natürlich vorhandene Aggression einzusehen. Ein deutliches und aus Kindermund geradezu erfrischendes Beispiel: Die Tochter kommt heulend nach Hause: »Michi hat mich gehauen!« Besorgt fragt die Mutter: »Und was hast du getan?« Worauf das Kind prompt erwidert: »Ich hab ihn gebissen.« So viel Ehrlichkeit ist bei Erwachsenen, die schon viel Übung im Rationalisieren und Projizieren haben, naturgemäß selten. Aber gleichgültig, wie rasch sich Eva ihre Aggression gegenüber Adam eingestehen kann, immerhin ist ja auch ihre Wut auf seine Rücksichtslosigkeit eine leicht durchschaubare Aggression. Sie wird meist noch offensichtlicher, wenn ihr bei nächster Gelegenheit entfährt: »Ich könnte ihn umbringen!«

Entscheidend ist letztlich, die Beziehungsebene mit ihren Fallstricken aus Beschuldigungen und Projektionen zu verlassen, ganz zu sich selbst zurückzukommen und sich die grundsätzliche *Frage 3* zu stellen: »Wo bin ich mir gegenüber rücksichtslos und aggressiv?«

Eva wird viele Beispiele finden, besonders wenn sie, statt zu grübeln, auf der inneren Seelen-Bilder-Ebene ihre ersten aufsteigenden Gedanken fließen lässt. Jeder Mensch ärgert sich irgendwann über sich selbst; manche beschimpfen sich gedanklich schon für kleine Missgeschicke: »Was bin ich nur für ein Trottel!« Besonders Frauen neigen außerdem dazu, schon morgens vor dem Spiegel oder auf der Waage sich in Gedanken für ihr Aussehen, ihre Figur oder ihr Gewicht zu beschimpfen, in durchaus aggressiver und herabsetzender, ja selbstverletzender Weise.

Vielleicht fällt es Eva leichter, sich zuerst mit Rücksichtslosigkeit auseinanderzusetzen als mit dem bedrohlicheren Thema Aggressivität. Es steht ihr frei, den für sie passend erscheinenden Einstieg zu nehmen, um das Tetragramm aufzubauen.

Rücksichtslos gegen eigene Interessen sind wir alle schnell, weil wir das einfach von Kindheit an gelernt haben. Statt unseren ersten Impulsen nachzugeben, gehen wir – rücksichtslos – darüber hinweg, sprechen zum Beispiel nicht die Menschen an, die uns wirklich interessieren, weil »man« das einfach nicht macht. Eva wird eine lange Reihe entsprechender Situationen finden, und sie wird sich bald als mindestens so rücksichtslos und damit auch aggressiv sich selbst gegenüber erkennen, wie sich Adam ihr gegenüber benimmt. Das hat den Vorteil, endlich durchschauen zu können, dass sie beide ein gemeinsames Problem haben und dass es sie beide kaum weiterbringt, sich dieses Problem gegenseitig vorzuwerfen.

Nun könnte Eva den Vorwurf: »Du bist aggressiv und böse« umformulieren in: »Du bist zu wenig sanft und rücksichtsvoll mit mir« und gemäß *Frage 1* nachforschen, ob Adam auch zu sich zu wenig sanft und gut ist. Wäre das der Fall, ergäbe sich erneut eine gewisse Entspannung, denn er kann es offenbar nicht besser und ist zu allen so rüpelhaft, sogar zu sich selbst.

Eine weitere selbstkritische Prüfung *(Frage 2)*, wie zartfühlend sie eigentlich mit dem anderen umgeht, bringt Eva zu der Erkenntnis, dass sie zu Adam auch nicht so sanft und rücksichtsvoll ist, wie er sich das vielleicht wünscht – womöglich wieder mit dem Zusatz, wie sehr er daran selbst schuld sei. Und eine Selbstprüfung nach Art von *Frage 3* bringt sie zu dem Eingeständnis, auch zu sich nicht annähernd so sanft und gut zu sein, wie sie es bräuchte. Nun kann sie wiederum anfangen, genau das zu üben, und sie wird damit positive Erfahrungen machen. Sie kann nun lernen, sich rücksichtsvoll gegenüber ihrem Körper zu verhalten und ihm beispielsweise Ruhe und Regeneration zu gönnen, sobald er dies braucht; sie kann sich einen täglichen Mittagsschlaf gönnen und das Essen, das ihr wirklich entspricht, die Musik, die sie mag, und die Kultur, die ihr ein Anliegen ist, aber natürlich auch die Kleidung, das Parfum und all die anderen Dinge, die sie für ihre gute Stimmung und ihr Selbstwertgefühl braucht.

Anschließend wird es Eva sicher leicht(er) gelingen, nun auch gleichsam rituell zu Adam sanft und gut zu sein, der dies natürlich sehr genießen wird. Und wenn beide diese Neuausrichtung auch auf die körperliche Ebene transportieren und sich so richtig sanft und gut und rücksichtsvoll begegnen, ergeben sich wahrscheinlich wundervolle Liebesmomente, die beide genießen werden. Jetzt wird Adam sich möglicherweise sogar dazu animieren lassen, auch zu sich selbst sanft(er) und rücksichtsvoller zu sein. Dieser bewährte Weg bleibt Eva immer und sollte auch nicht ausgelassen werden.

Rücksichtsloses Verhalten ist zwar destruktiv und ein Zeichen unerlöster Aggression, aber in erlöster Weise, im Sinne eines entschiedenen Vorgehens, schwingen auch große Kraft und Entschlossenheit mit, die sehr positiv zu werten sind. Durchsetzungskraft ist etwas, das Eva sich vielleicht auch für sich wünscht, vielleicht träumt oder wartet sie sogar sehnlichst auf ihren Durchbruch in irgendeinem Bereich. Sich *entscheiden* können, das Schwert aus der Scheide ziehen und loslegen, die eigene Vision umsetzen, das dürfte ein faszinierender, reizvoller Gedanke sein. An Adam und seiner destruktiven Art von Durchsetzung kann Eva vielleicht sogar erkennen, wie wichtig ihr die eigene konstruktive Schlagkraft ist. Und auch bei ihm würde sie sich vielleicht mehr erlöste Aggressionsenergie wünschen, vielleicht möchte sie ganz gern mal richtig von ihm gepackt und begehrt und genommen werden oder miterleben, wie er sich beruflich durchsetzt und eine ihm entsprechende Position zielstrebig erobert.

Im Gegenpol von Rücksichtslosigkeit, das heißt in Rücksichtnahme, Güte, Besonnenheit und zuvorkommender Sanftheit, schwingen auch Eigenschaften wie windelweich und übervorsichtig mit, und das wäre schon wieder negativ. Die übertriebene Nachgiebigkeit und Konfrontationsscheu, die Eva gegenüber Adam zeigte, hat sie unglücklich gemacht. Dieses sich Verstecken aus Angst vor seinen Grenzüberschreitungen und ihr zu allem Ja-und-Amen-Sagen ist ihr längst zuwider.

Wieder hat Eva die Chance zu erkennen, dass sie sich beide bisher auf den unerlösten, destruktiven Ebenen von Rücksichtnahme und Aggression begegnet sind. Und dass so viel gewonnen wäre, könnten sie auch die erlösten, konstruktiven hinzufügen und sich dorthin entwickeln. Am besten sollten sie das gemeinsam tun, aber selbst wenn Eva vorausgeht, wird das dem Resonanzgesetz zufolge förderliche Auswirkungen auf beide Persönlichkeiten und ihre Beziehung zueinander haben. Damit sind wir schon wieder über die Schwarz-Weiß-Malerei der Polarisierung hinaus und einen schönen Schritt weitergekommen zu einem entspannten, sanften und zugleich mutigen Miteinander.

∞ Der Weg durchs Tetragramm

Rücksichtslosigkeit und Gewalt sind Stressauslöser; jeder erlebt sie fast täglich in irgendeiner Form. Man lese bloß irgendeine Zeitung, höre oder sehe die Nachrichtensendungen, und schon ist man mittendrin im Aggressionsthema, das sich in seiner unerlösten, destruktiven Form zeigt. Die zerstörerischen Ausformungen reichen von Verletzung physischer oder geistig-seelischer Art bis zu brutaler Zerstörung. Es kommt zu Grenzüberschreitungen. All diese Begriffe passen somit gut in das Feld 1.

Eva erlebt die Aggressionsthematik in der Beziehung zu Adam. Aber genauso gut könnte es passieren, dass Evas Vorgesetzter ihr kommentarlos einen weiteren Stapel Arbeit auf den Schreibtisch knallt, ohne darauf Rücksicht zu nehmen, ob ihr die Überstunden zuzumuten sind. Oder ein anderer Autofahrer betrachtet sein Fahrzeug gleichsam als Waffe und nimmt Eva auf rücksichtslose und gefährliche Weise die Vorfahrt.

All diese Verhaltensweisen werden bekanntlich erst dann zum Stressthema, wenn es die direkt Involvierten reizt, ärgert und aus der Fassung bringt. Dann hat man sich des Themas angenommen – und somit die Möglichkeit erhalten, es zu bearbeiten. Das heißt in unserem Beispiel, dass sich Eva der Betrachtung des Themas Rücksichtslosigkeit, Aggression, Gewalt in sich selbst widmet: »Was macht es mit mir, wie reagiere ich, wie bewusst und frei ist meine Reaktion, wie sehr bin ich von einem Reaktionsmuster getrieben, wie gut entscheide ich selbst, was ich tue und mit welchen Mitteln? Wie groß ist mein Handlungsspielraum? Muss ich sofort herumbrüllen und in den Kampf ziehen, oder finde ich vielleicht eine adäquatere Lösung?«

Wie schon angesprochen, liegt ein Gutteil von Rücksichtslosigkeit oft im »Opfer« selbst, insbesondere dort, wo diese Person eigene wichtige Wünsche und Bedürfnisse bekämpft, sie erdrückt oder auf die eine oder andere zerstörerische Art abtötet: Wie rücksichtsvoll ist Eva gegenüber dem Ausleben ihrer eigenen Talente und Fähigkeiten? Und wie oft nimmt Eva Rücksicht darauf, sich selbst etwas Gutes zu tun, sich etwas zu gönnen, körperlich und geistig? Wie viel der Gewalt, die Eva möglicherweise als Kind angetan wurde, tut sie sich heute als Erwachsene selbst an? Warum bricht sie nicht aus den vorgegebenen Bahnen aus? Und wer könnte das eingefahrene Muster besser ändern als sie selbst? So wäre auch noch das Stichwort Unterdrückung in das Tetragramm aufzunehmen, einerlei ob sie von außen oder von innen kommt.

Nach so viel Gewalt und unerlöster Kraft geht es nun um den erlösenden Gegenpol der Rücksichtnahme. Die zweite Seite der Medaille ist wie immer angenehm und erfreulich. Hier findet Eva Achtsamkeit, hier wird dem anderen Vortritt gelassen, und man begegnet sich höflich und zuvorkommend.

Natürlich sehnt sich jeder besonders in rauen Zeiten nach Harmonie und Frieden, auch nach Ablenkung und Muße. Das Familienleben, überhaupt jedes soziale Leben, beruht auf gegenseitiger Rücksichtnahme. Ein gewisses Maß an Zurückhalten der eigenen Vorstellungen und Impulse, ja auch der eigenen Bedürfnisse, wird durch die gegenseitige Wertschätzung und Freude des Miteinanders ausgeglichen und ist fast immer von Vorteil. Jeder kennt und übt diese Rücksichtnahme fast automatisch angesichts eines Kindes. Auslöser ist das Kindchenschema sowohl bei menschlichen als auch bei Tierbabys. Ein großer Kopf mit riesigen Kulleraugen weckt Beschützerinstinkte, so ist von Natur aus der Nachwuchs vor aggressiven Übergriffen einer sonst sehr gewaltbereiten Umwelt prinzipiell geschützt, was sogar im Tierreich funktioniert, wo das Kindchenschema ebenfalls ausgiebig untersucht ist.

Rücksichtnahme wird als Tugend gesehen und ist normalerweise der Rücksichtslosigkeit weit überlegen. Um diese Wertung zu relativieren, sieht sich Eva die überzogene Form von Rücksichtnahme an, also den »Schatten im Gold«, und füllt Feld 3 des Tetragramms mit ihren Notizen. Sie entdeckt dabei Verhaltensweisen, bei denen jede Art von Konfrontation vermieden wird, selbst wenn dadurch Schaden entsteht. Hier tritt man nicht mehr für sich selbst und seine Überzeugungen ein, vielleicht auch nicht mehr für den Schutz seines Kindes vor dem Täter im eigenen Haus. Hier verbiegt man sich um des lieben Friedens willen. Hier sagt man schnell Ja und Amen zu allem und verliert seinen Standpunkt – und dabei ist ebenso interessant wie schrecklich, dass man gerade mit diesem überzogen auf Frieden bedachtem Verhalten sehr häufig großes Leid an sich selbst und an anderen bewirkt. Auf weltpolitischer Ebene ist damit unter anderem die Debatte um die Notwendigkeit militärischen Eingreifens, etwa in ausländischen Bürgerkriegsregionen, zu sehen. Wenn Eva diesen Gedanken konsequent weiterführt, könnte sich in dem einen oder anderen Fall die ganz klare Zuschreibung von Täter- und Opferrolle sehr relativieren.

Anschaulich wird dies auch am Verhalten von Kleinkindern, die als hilfsbedürftig und passiv empfunden werden, auf der einen Seite und auf der anderen Seite am Verhalten von Erwachsenen, die sich über Lärm oder andere Störungen aufregen und sich schnell und rücksichtslos über das Kindeswohl hinwegsetzen. Wer den Konflikt einmal aus beiden Perspektiven betrachtet, empfindet bald die Ambivalenz der Situation und die Nähe beider Themen und vor allem das Ineinander-Übergehen von Aggression und Rücksichtnahme. Fast jeder kennt heute verzogene Einzelkinder, die mit immer stärker provozierendem Verhalten fast um Grenzen betteln, sogar gewaltsame. Da juckt es schon allen Umsitzenden im Bahnabteil in den Fingern, aber die Mutter, die ihrem Kleinen schon immer alles durchgehen ließ, ist nun bei der ersten gemeinsamen Bahnfahrt seinem Geschrei hilflos ausgeliefert. Jedenfalls ist sie nicht in der Lage, ihn daran zu hindern, allen Mitreisenden im Großraumwagen mit seiner lautstarken Quengelei auf die Nerven zu fallen. Eine Zeit lang mag das bei den Mitpassagieren vielleicht noch Solidarität auslösen – etwa bei vorhandenen Problemen mit eigenen Kindern –, aber irgendwann ist bei jedem eine Grenze erreicht. Die wohlwollende, rücksichtnehmende Haltung gegenüber der mit einem schwierigen Jungen allein reisenden Mutter schlägt schließlich radikal in Wut um.

Eva überträgt diese allgemeinen Gedanken auf ihre alltägliche persönliche Situation. So finden sich in Feld 3 Stichwörter wie übertrieben nachgiebig, konfrontationsscheu, sich verstecken, Standpunktlosigkeit, zu allem Ja sagen – alles Begriffe, die sie mit falscher, unangebrachter Rücksichtnahme verbindet.

Die vierte Seite der Medaille umfasst das »Gold im Schatten« und regt zu einer Betrachtung der wertvollen, konstruktiven Ausformungen von Rücksichtslosigkeit und Aggression an. Hier bietet die Natur wie so oft die besten Beispiele. Wie rücksichtslos und aggressiv geht es im Frühling zu, wenn spitze Keime das Erdreich durchbohren, Knospen ihre Hüllen sprengen und die Bäume ausschlagen! All das ist wundervoll anzuschauen und erfreulich. Aber wenn dann das Unkraut emporschießt und alles überwuchert, gefällt dies niemandem mehr. Und wie rücksichtsvoll ist überhaupt die Natur, dieses Fressen und Gefressenwerden? Was sich nicht anpasst, stirbt aus, lehrt die Evolution. Wie wäre es außerdem um jede Art von Fortschritt bestellt, wenn nicht große Geister und begabte Persönlichkeiten ihre Ideen durchgesetzt hätten gegen den Widerstand der Kleinmütigen? Kontinente wurden entdeckt aufgrund von großem Mut und starker Entschlossenheit, das Unbekannte zu erforschen. Somit füllt sich für Eva das Feld 4 mit Begriffen wie Kraft, Mut, Durchsetzung, Aufbruch, Durchbruch, Umsetzungsstärke. Und all das ist gewissermaßen noch immer rücksichtslos, auch im Sinne von nicht zaudernd nach hinten zu blicken, sondern auf seinem Weg voranzuschreiten.

Sollte an dieser Stelle bei Eva eine gewisse Verunsicherung eingekehrt sein, was nun gut oder böse ist, würde dies als Erfolg zu werten sein. Denn auch hier geht es um die Anerkennung beider Seiten der Medaille. Der Frieden im Äußeren kann mit dem Frieden im Inneren kommen. Somit auch mit dem Frieden im inneren Krieg – am besten dadurch, dass die der Aggression innewohnende Kraft konstruktiv genutzt wird, und das kann bedeuten, selbst auf- und auszubrechen, wo es nötig und stimmig ist. Es bedeutet, die Kraft der Aggression als ein Anpacken, als ein mutiges Herangehen zu begreifen – und umgekehrt zu sehen, wohin ein Zuviel an Kompromiss und Nachgiebigkeit führt. Dann gilt es, bewusst neue Entscheidungen zu treffen und wiederum genau dort nachgiebig und rücksichtsvoll zu sein, wo es nützlich und passend ist, und somit den Weg in eine neue Wahlfreiheit und Bewusstheit zu finden im Umgang mit dem stressbeladenen Thema.

Tetragramm: Rücksichtslosigkeit ∞ Rücksichtnahme

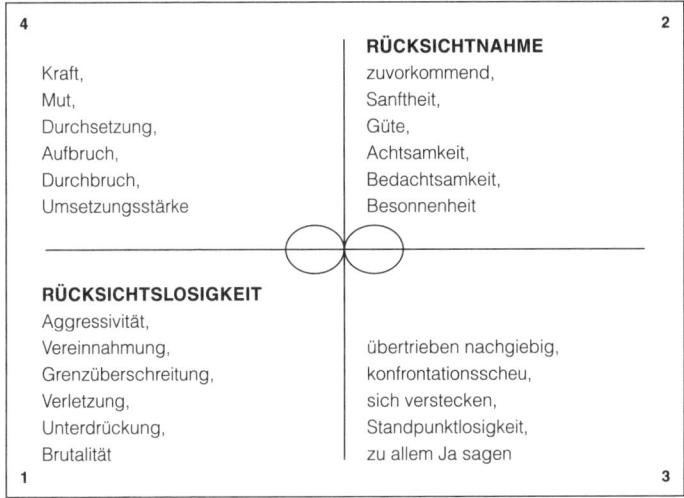

Wenn sich Eva mit den destruktiven Seiten der Felder 1 und 3 auseinandersetzt, geht es selbstverständlich nicht um die Rechtfertigung unzulässigen und grausamen Handelns gegenüber anderen Lebewesen oder gegen die Natur. Der Fokus liegt auf dem Verstehen der Grundqualität von Gewalt und Aggression, und diese setzt oft im Destruktiven an. Grenzen müssen gesprengt und überschritten werden, um Neues zu schaffen. Dabei bleibt das alte System, der alte Glaube, die alte Überzeugung, auf der Strecke und muss oft auch untergehen. Dies ist stets vernichtend gewalttätig, weil rücksichtslos gegenüber dem Bestehenden. Der Hinduismus beschreibt in den Veden drei große Wirkkräfte, die durch Brahma, Vishnu und Shiva repräsentiert sind. Vereinfacht gesagt ist Brahma der Erschaffer oder Schöpfer, Vishnu der Bewahrer und Shiva der Zerstörer. Shiva (Sanskrit: »Der Glückverheißende«) wird in Indien zusammen mit Kali, dem weiblichen Aspekt der zerstörerischen Wirkkraft, verehrt; neunzig Prozent der Tempel sind ihnen geweiht. Westliche Menschen hingegen geben dieser Kraft nicht ihren Raum und keine bewusste Anerkennung. Das wird in der ganz anderen Trinität des christlichen Glaubens deutlich: Vater, Sohn und Heiliger Geist *(spiritus sanctus)*. Keiner von ihnen repräsentiert die Kräfte der Rücknahme oder Auflösung; keiner wird durch einen weiblichen Aspekt ergänzt.

Obwohl kein Wachsen in der Natur möglich wäre, ohne die zerstörende, abbauende Kraft, die erst den Kreislauf komplettiert, streben die meisten blind nach Aufbau und Erhaltung. Sie verdrängen den Abbau, das Aufräumen, das Ende und somit die folgende Transformation. Und je mehr dies getan wird, desto mehr zeigen sich, aus dem Schatten kommend, destruktive Kräfte. Dabei kann sich jeder ausrechnen, dass fortdauerndes ungehemmtes Wachstum ein Ding der Unmöglichkeit ist. Die dazugehörige Phase von Rückgang und Abbau wird jedoch weder anerkannt noch integriert. Deshalb taucht die zerstörerische Kraft dann so abrupt, machtvoll und unvermutet aus dem Schattenreich empor.

In unserem Beispiel hat Eva für sich in Feld 3, auf der Schattenseite des Sehnsuchtsfeldes 2, notiert: konfrontationsscheu und Standpunktlosigkeit. Erlaubt sei nun auch hier ein Plädoyer für die destruktive Qualität eines Pols, die ebenfalls ihren Platz braucht und ihn sich auch nimmt, da sie Teil der Schöpfung ist. Eine Gazelle scheut die Konfrontation mit der Löwin und tut auch gut daran; die Löwin wiederum muss ihr Junges beschützen und geht dem dominanten Männchen aus dem Weg. Es ließen sich viele Beispiele anführen, um zu zeigen, dass der Kampf, die Konfrontation, nicht immer der Weg zum Glück ist. Sich enthalten, einen Schritt zurücktreten, sich sogar verstecken, sich nicht gleich outen, all das kann manchmal »lebensrettend« sein. Und wer nicht immer einen festen Standpunkt einnimmt, bleibt auch offen für Neues, kann nachdenken, in sich hineinspüren und entscheidet später oder gibt sich dem hin, was jetzt, in diesem Moment, geschieht. In diesem Sinne ist Einverstandensein und letztlich zu allem Ja sagen ein hohes Entwicklungsziel, wie es sich im »Dein Wille geschehe« des Vaterunsers ausdrückt. Der Verwirklichte (Mensch), der Heilige, lebt in der besten aller Welten und kann alles akzeptieren, weil er weiter und tiefer und höher zugleich sieht und erkennt, dass alles in (Seiner) Ordnung ist.

Launenhaftigkeit ∞ Ausgeglichenheit

Adam an Eva: »Du bist viel zu launisch.«

Adam hat sicher bereits die Erfahrung gemacht, dass selbst gebetsmühlenartiges Wiederholen dieses Vorwurfs Evas Temperament nicht ausgleichen konnte. Im Gegenteil, Adams Vorwürfe dürften Eva missfallen und letztlich ihnen beiden nur noch mehr die Laune verdorben haben. Falls er in Evas Verhalten außerdem Unwillen zu erkennen meint, geht er davon aus, sie handle absichtlich, und die Situation eskaliert. Falls er Evas Launen als ihre Unfähigkeit oder Eigenart interpretiert, wird das hingegen entlastend wirken. In beiden Fällen hat das Wiederholen von Vorwürfen kaum positive Effekte. So bietet es sich an, die Vorwurfsebene gleich wieder mit *Frage 1* zu verlassen: »Ist Eva nur mir gegenüber oder auch anderen und vor allem sich selbst gegenüber launisch?«

Adam wird schnell herausfinden, dass Evas Stimmungsachterbahn alle trifft und wahrscheinlich sie selbst am meisten. Sie sitzt ja in der Falle, wenn sie beleidigt ist oder schmollt. Überhaupt ist Eva immer das erste Opfer ihrer eigenen Launenhaftigkeit, das heißt, sie ist ihren wechselnden Gefühlen und Stimmungen zuerst ausgeliefert; ihr gelingt es nicht, die Ruhe zu bewahren. Sie kann sich nicht auf sich selbst verlassen; es fehlt ihr an Stetigkeit, die im menschlichen Miteinander, im Privat- wie im Berufsleben, so wichtig ist. Ihre Gefühls- und Stimmungsschwankungen gegenüber ihrem Partner, ihren Kindern oder auch ihrem Chef schlagen immer wieder durch deren gereizte Reaktionen auf sie zurück und machen ihr das Leben schwer.

Somit kann eine gewisse Entspannung und Entwarnung bei Adam eintreten, wenn er annehmen darf, dass Eva ihre Launen nicht zur Zerrüttung seiner Nerven einsetzt, sondern allen so begegnet und sich selbst damit am wenigsten einen Gefallen tut. Statt Vorwürfen, die für beide Partner keine Abhilfe schaffen, braucht sie viel eher Unterstützung. Und falls Eva sich anderen gegenüber weniger launisch zeigt als zu Hause, wird es wohl daran liegen, dass sie sich auswärts mehr zusammenreißen kann. Aber auch das würde nicht gegen Adam persönlich sprechen, sondern eher verraten, dass sich Eva bei ihm aufgrund der partnerschaftlichen Nähe am ehesten traut, sich so zu geben, wie sie sich gerade fühlt.

Mit *Frage 2* nach dem eigenen Verhalten kommt Adam zu dem wahrscheinlichen Eingeständnis, auch selbst Launen zu haben und diese manchmal an Eva auszulassen, insbesondere als Reaktion auf die »Szenen«, die sie ihm liefert. Vielleicht wird ihm außerdem klar, dass jeder Mensch Launen und Stimmungsschwankungen hat und sie zum Leben einfach dazugehören. Bei Eva mögen sie lediglich sehr im Vordergrund stehen, weil sie ihnen besonders ausgeliefert ist. Dies wäre bereits eine konstruktivere Einschätzung als die übliche, dass er sich als das Opfer sieht, an dem sie ihre Launen auslässt.

Adam könnte sogar noch tiefer gehen mit *Frage 3:* »Bin ich auch mit mir launenhaft? Lasse ich meine Stimmungsschwankungen auch an mir aus?« Sicher wird er fündig, wenn er ehrlich nachforscht. Falls er sich gar nicht so sicher ist bezüglich eigener Stimmungshochs und -tiefs, wäre die buddhistische Upekkha-Meditation für Adam eine ideale Persönlichkeitsschulung. Es handelt sich um eine Übung, die auf Gleichmut zielt und die jeder sofort ausführen kann. Erstrebt wird die erlöste Seite von Gleichgültigkeit – in dem Sinne, dass alles gleiche Gültigkeit hat. Diese Gleich-Gültigkeit ist der konstruktive Gegenpol zu jener Gleichgültigkeit, bei der alles egal ist, umgangssprachlich mit Wurstigkeit umschrieben. Für die Meditation setzt man sich vorzugsweise gleich morgens dreißig Minuten hin – auf einen Stuhl oder ein Meditationskissen – und spürt und hört nur nach innen und beobachtet all die Stimmungen, die aus dem eigenen Inneren aufsteigen. Dabei wird einiges zusammenkommen, das in den folgenden Stunden des Tages garantiert gleich weiter auf andere projiziert wird. Aber wenn Adam diese Meditation einige Wochen lang praktiziert, und sei es anfangs nur zur Selbst-Diagnose, wird sie später automatisch zu einer wundervollen Therapie. Geübt wird, sich von der Außenwelt und damit der Hauptvorwurfsebene und Projektionsfläche abzuwenden und zu sich selbst zu kommen und Lösung und Hilfe bei sich zu finden.

Im Zuge dieser Übungspraxis fällt es leichter, es zuerst unmittelbar nach der Upekkha-Meditation und dann für immer längere Zeitspannen das Projizieren sein zu lassen. Das wird das eigene Leben und das Zusammenleben mit anderen erheblich verbessern, in unserem Beispiel die Situation zwischen Adam und Eva. Es kommt zu einer Entspannung. Adam wird aufhören, Eva Dinge vorzuwerfen, die er selbst auch tut und schon bei sich nicht mag. Möglicherweise kann er Eva sogar davon überzeugen, diese einfache und wirksame Meditationsübung einmal mit ihm zu machen. Am besten wäre natürlich, dass seine Fortschritte für sie spürbar werden und sie deshalb von sich aus nachfragt und um eine Einführung bittet. Zusammen an diesem Thema eben nicht zu »arbeiten«, sondern in aller Ruhe zu meditieren und Achtsamkeit zu üben, könnte eine wundervolle Chance für beide sein und unter anderem helfen, die eigenen Launen belächeln zu lernen.

Die Effekte werden sich wahrscheinlich auch ohne Evas Mitmachen allmählich auf sie übertragen, denn Adam wird versuchen – und es mit der Zeit auch immer besser schaffen –, Gleichmut zu bewahren. Wenn er ihr keine Steilvorlagen mehr bietet durch eigene nach außen getragene Gefühlsschwankungen, dürfte der Entspannungseffekt bereits deutlich werden.

So wie es sich aufschaukelnde Teufelskreise gibt, sind natürlich auch die zwar weniger populären und manchen kaum bekannten »Engelskreise« möglich. Falls Adam zum Beispiel auf eine von Evas typischen Launen einmal nicht mit der gewohnten gereizten Abwehr reagiert, sondern im Gegenteil unerwartet gelassen und sogar liebevoll, wird das ihrer Missstimmung sofort die Spitze nehmen. Immer wenn einem unerwartet Positives widerfährt und besonders, wenn es in Situationen geschieht, in denen mit dem Gegenteil zu rechnen war, eröffnet sich die Gelegenheit zur Entwicklung eines »Engelskreises«. Wer beispielsweise eine Zurechtweisung erwartet und stattdessen liebevolle Zuwendung erfährt, öffnet für wenigstens einen kleinen Moment sein Herz, und in solchen Augenblicken sind Wunder möglich und werden manchmal Träume wahr.

Durch die Fortschritte bei seiner Upekkha-Meditation könnte Adam eine ganz andere Beziehungsdynamik ermöglichen. Vielleicht kann er dann sogar in Evas Launenhaftigkeit auch etwas von Launigkeit erkennen und dieses Auf und Ab ganz reizvoll finden und jedenfalls als völliges Gegenteil von langweilig.

Aber vielleicht beharrt Adam auf der Vorwurfsebene und klagt Eva an: »Dir fehlt es an Gleichmut und Ausgeglichenheit.« Das wird Eva zwar schon ahnen, aber selbst wenn sie es zugeben sollte, folgt aus seinem Vorwurf und ihrem Eingeständnis kaum eine Lösung.

Fragestellung 2 bringt Adam auch hier wieder auf die Ebene des Selbstbezugs. Nun kann er klären, mit wie viel echtem Gleichmut er sich selbst begegnet. Dazu kann er wie immer die Seelen-Bilder-Welt nutzen.

Was die *4 Seiten der Medaille* angeht, hat sogar Gleichmut, wie eben alles, eine Schattenseite. So herrlich heitere Gelassenheit und bewusste Ausgeglichenheit sind, so wenig angenehm erscheinen uns Menschen, denen alles egal ist oder die im Extremfall an Apathie und Lethargie leiden. Heute sind viele Menschen davon betroffen, handelt es sich doch um die vorherrschenden Gefühlsqualitäten im Endstadium des Seeleninfarktes, jenes Zustandes, in dem Depressive, aber auch Burn- und Bore-out-Patienten am Ende versinken. Sie nehmen am Leben nicht mehr richtig teil, und zu beobachten ist ein schreckliches Fehlen aller Gefühle. Plötzlich wird Adam sehr froh sein, dass Eva davon nicht betroffen ist, denn in der schlimmsten Form der Lethargie schwingt schon Todesnähe mit.

Adam will keinesfalls eine phlegmatische, reaktionslose Eva an seiner Seite, sondern dürfte erkennen, dass sie mit ihrer Gefühlstiefe, die ihm oft als Gefühlsduselei erscheint, auch eine wichtige Lebensqualität zeigt, allerdings bislang in wenig konstruktiver Weise. So wäre es Zeit, sich zu fragen, wie viel von diesem Phlegma er bei sich selbst findet. Hat er schon längst abgeschaltet, während sie noch mitschwingt und Stimmungen und Schwingungen aufnimmt und darauf wieder mit ihren Stimmungen reagiert, die ihm völlig verborgen bleiben? Ist Abschalten vielleicht überhaupt sein Standardmuster ihr gegenüber? Möglicherweise entwickelt sich mit dieser Erkenntnis bei ihm auch die Lust, sich wieder mehr an- und einzuschalten für die Höhen und Tiefen des Lebens und seiner Gefühlswelt.

Jederzeit abschalten zu können ist zwar eine sehr hilfreiche Fähigkeit, aber ständig abgeschaltet zu sein erscheint kaum erstrebenswert. Die Fassung jederzeit bewahren zu können ist wichtig und nützlich, aber immer gefasst zu sein und nie mehr fassungslos vor Glück oder Traurigkeit in Tränen auszubrechen oder laut zu schreien ist kaum ein Zeichen von Lebendigkeit. So mag Adam sich jetzt verunsichern lassen in seiner gefassten und vielleicht auch vorgefassten Haltung und Verfassung durch das dritte und vierte Feld des Tetragramms.

Möglicherweise sind die Stimmungsschwankungen von Eva als Zeichen von Vitalität zu werten und der Reaktionsstarre vorzuziehen. Es könnte für Adam eine ideale Anregung sein, wieder lebendiger zu werden und sich von Eindrücken berühren zu lassen und die Welt staunender und manchmal sogar ganz fassungslos zu betrachten. Ein jederzeit einfühlsamer Mensch voller Gefühlstiefe hat etwas sehr Soziales. So mag Adam sich fragen, wie er von Eva und ihrer Lebendigkeit, die sie in ihren Stimmungsschwankungen ausdrückt, lernen kann, lebendiger und mitfühlender zu werden, wie er durch sie die Tiefen seiner eigenen Gefühle wahr- und wichtig nehmen und vor allem erleben kann.

∞ Der Weg durchs Tetragramm

Launenhaftigkeit, Überempfindlichkeit und starke Stimmungsschwankungen einer Person sind Stressfaktoren für die Mitmenschen. Die Belastung entsteht, weil man sich nicht sicher sein kann, was vom Gegenüber kommt, in welcher Form und wie heftig, und was die Konsequenzen sind. Nur *dass* man mit einem Gefühlsausbruch zu rechnen hat, scheint gewiss zu sein. Wenn man im Umgang mit starken Empfindungen nicht geübt ist, lässt es sich schwer einschätzen, ob es sich nur um eine Verstimmung oder schon um eine emotionale Krise handelt, die sich sogar zu einer Depression entwickeln könnte. Oder die Unausgeglichenheit zeigt sich in Überdrehtheit, in penetranter Dauerfröhlichkeit. Das launige Vor-sich-hin-Summen oder -Pfeifen kann ebenso ein Stressfaktor für Mitmenschen sein.

Beim Stressfeld Launenhaftigkeit haben wir es mit der archetypisch weiblichen inneren Gefühlswelt zu tun – wobei es keine Rolle spielt, ob der launenhafte Mensch männlichen oder weiblichen Geschlechts ist. Demgegenüber sind Emotionen, die mehr nach draußen drängen, archetypisch dem Männlichen zuzuordnen. *E-movere* heißt hinausbewegen, und Emotionen drängen nach Entladung. Mutterliebe etwa ist ein Gefühl, das empfunden wird und nicht dauernd dem Kind mitgeteilt werden muss oder will, im Gegenteil, es wäre komisch oder auffällig, wenn eine Mutter ihrem Kind ständig Liebeserklärungen machte. Deutlich wird der Unterschied, wenn ein gefühlsbetonter Mensch, archetypisch eine Frau, mit einem emotionalen Menschen, archetypisch einem Mann, gemeinsam einen Sonnenuntergang erlebt. Während sie still und in sich versunken im letzten Aufglühen der Farben das Sterben des Tages erlebt und sich an andere Abschiede erinnert fühlt, könnte er ständig in Begeisterung ausbrechen und rufen:

»Schau dir diese Farbenpracht an! Ist das nicht einmalig? Toll!« Seine emotionalen Äußerungen werden sie in ihrer Gefühlserfahrung eher stören, vielleicht wird sie denken: »Wie schön es erst wäre, wenn er jetzt mal endlich den Mund halten würde!«

Wer unter Stimmungsschwankungen leidet, kann von den eigenen unkontrollierbaren Gefühlen überschwemmt werden. Beim geringsten Anlass beginnt man zu erröten oder unmotiviert zu kichern, oder man lacht an unpassender Stelle. All dies belastet. Und wenn ein Mensch seinen eigenen Gefühlen und Reaktionen nicht mehr trauen kann, nicht weiß, ob er dem Druck standhält, der ihm auferlegt wurde oder den er sich selbst auferlegt hat, ist das ein Stressfaktor. Dies liegt aber auch daran, dass das Zeigen von Gefühlen in unserer Gesellschaft im Grunde verpönt ist. Heftige Gefühlsausbrüche sind eigentlich nur auf der Theaterbühne, Kinoleinwand oder im Liebesroman erlaubt. Dann nährt sich das Publikum oder die Leserschaft gleichsam von den Gefühlen der Protagonisten. Somit könnte in unserem Beispiel Adam die erste Seite der Medaille mit weiteren starken Begriffen versehen wie: Überempfindlichkeit, Gefühlsduselei, Nervosität, Unausgeglichenheit, starke Stimmungsschwankungen, nervtötend.

Danach wendet Adam sich dem Gegenpol zu, der zweiten Seite der Medaille, um den angenehmen, ersehnten Zustand zu definieren: Ausgeglichenheit. Hier sind die Menschen gefasst und begegnen einander in großer Gelassenheit, deshalb wird man gut in seiner Mitte bleiben können. Es ist der Pol, wo das Toben des Kindes einen nicht aus der Ruhe bringt, wo die eigenen Gefühle ausbalanciert sind und sich in kontrollierten Bahnen bewegen. All dies ist sehr förderlich für stabile Beziehungen und sehr wertvoll für das eigene Wohlbefinden. Gelassen und ausgeglichen zu sein bedeutet hier, dass ein Mensch sich seiner Gefühle bewusst ist, sie kennt, sie auch bei Bedarf beherrscht und sich schnell wieder zentrieren kann. Auch schließt dieser Pol des aktuellen Tetragramms Mitgefühl ein, denn wer in seiner Mitte verankert ist, kann auch gut für andere da sein. Wer hingegen sehr starke Gefühlsschwankungen erlebt, ist oft zu sehr mit sich selbst beschäftigt.

In das himmlisch gute Feld 2 passt für unser Fallbeispiel auch die Unbekümmertheit, bei der man sehr wohl wahrnimmt, was passiert, sich aber nicht erschüttern lässt. Gleichmut und heitere Gelassenheit werden sogar als wesentliche spirituelle Errungenschaften angesehen: Alles ist gut; alles ist in Ordnung, wie es ist. Also ergänzt Adam den von ihm gewählten Leitbegriff Ausgeglichenheit um die Begriffe: Gleichmut, Gelassenheit, Unbekümmertheit, Ruhe, Fassung.

Auf dem Weg zur dritten Seite der Medaille überzeichnet Adam die ersehnte Gelassenheit und Ruhe, indem er sich einen Stein vorstellt. Dieser Stein liegt einfach nur da, regungslos und stumm. Wenn ein Mensch zu Stein wird, lässt ihn alles kalt, was um ihn herum passiert; er reagiert gefühllos und hartherzig. Dieser Mensch würde schlimmstenfalls auch seine eigenen Gefühlsanteile nicht mehr spüren und zuletzt sich selbst nicht lieben können. Vielleicht ist er so abgebrüht, dass er Dinge zu tun vermag, vor denen ein mitfühlendes Wesen schaudernd zurückschrecken würde. Somit hat Adam im Feld 3 Begriffe gesammelt wie Apathie, Lethargie, Phlegma, Gefühllosigkeit, Hartherzigkeit, Wurstigkeit – und damit den »Schatten im Gold« umkreist.

Danach kann Adam sich dem »Gold im Schatten«, dem Feld 4, zuwenden, das heißt den konstruktiven Seiten von Launenhaftigkeit und Unausgeglichenheit. Dazu braucht er sich nur ein Kind vorzustellen, das all seinen inneren Antrieben freien Raum lässt – und hier ist das ganze Spektrum kindlicher Lebendigkeit gemeint. Adam könnte das Kind für dessen schier grenzenlose Offenheit allem Neuen gegenüber bewundern, für das Staunen und die Fähigkeit, sich auch von einfachsten Dingen begeistern und berühren zu lassen. Später wird vom Erwachsenen ein anderes Verhalten erwartet, jede unverblümte Reaktionsweise, vor allem offen gezeigte Empfindungen von Ekel, Angst oder Wut werden nicht mehr akzeptiert. Dann ist man eben launenhaft oder zu empfindsam oder zu euphorisch oder emotional. Wo liegt also die Grenze, ab der Erwachsene Gefühle nicht mehr zeigen dürfen? Vielleicht ist es dann ja auch wirklich nicht mehr angebracht und nützlich. Wo setzt die innere Kontrolle ein und wo die äußere? Wie immer ist der Grenzgang zwischen eindeutig »destruktiv« und »konstruktiv« der Sichtweise des Einzelnen unterworfen. In der Bewertung von Extremen ist sich die Mehrheit meist einig; bei fließenden Übergängen dagegen nicht. Wie viel Lebendigkeit gerade noch verträglich und angemessen ist, wird so zu einer Frage der Kultur, der Sozialisation, der Anpassung. Manchmal findet man woanders genau das spannend und interessant, was man zu Hause sich selbst und anderen nie gestatten würde. Deshalb weiten Reisen den Horizont.

Tetragramm: Launenhaftigkeit ∞ Ausgeglichenheit

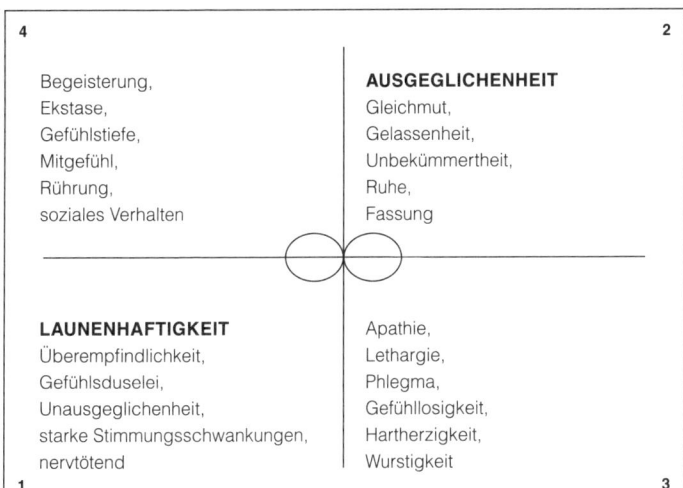

Im Feld 4 des aktuellen Tetragramms verortet Adam ein hohes Maß an Empathie und Mitgefühl; hier befindet er sich im Pol der Gefühle. Menschen lassen sich von Klängen und Worten berühren, und innere Gefühlswelten können in höchste Ekstase versetzen, auch ganz ohne Drogen, einfach nur, weil tiefe Verbindung und Verbundenheit gespürt werden – mit anderen, mit sich selbst, mit Höherem. Es ist also der Gegenpol zum Stein aus Feld 3, und auf dem erfolgreichen Weg durchs Tetragramm müssen sich stets auch die Felder 3 und 4 als Gegenpole auflösen, siehe auch die Hinweise im praktischen Teil 3. Begriffe im Feld 4 sind: Begeisterung, Ekstase, Gefühlstiefe, Mitgefühl, Rührung, soziales Verhalten.

Um die Urkraft des Destruktiven nicht aus den Augen zu verlieren, wendet sich Adam noch einmal den Feldern 1 und 3 zu mit der Frage, was einem launenhaften Hoch und Tief abzugewinnen ist. Die Launen der Natur bringen Abwechslung und neue Lebensformen, das launische Wetter sorgt für Überraschungen; ein gewisses Maß an Spannung liegt in der Luft, das anregend wirkt. Im Feld 3 hat Adam unter anderem Phlegma, Wurstigkeit, Apathie notiert – lauter wichtige Eigenschaften, wenn man emotional nicht berührt sein will. Es kann lebensrettend sein oder größeren Schaden abwenden, wenn Helfer bei einem Unfall kaltblütig und systematisch vorgehen. Und ist jemand tatsächlich gefühlskalt, wenn er nicht jeder emotionalen Regung des anderen folgt, sich nicht vereinnahmen lässt und Ruhe bewahrt, also der Hitze ein kühlendes Gegengewicht gibt? Manchmal sind es genau jene Menschen, die in kritischen Situationen Auswege erkennen und denen man dann gern folgt.

Bei all der »Rehabilitierung« der destruktiven Seiten sei erwähnt, dass nichts schöngeredet werden soll, in diesem Beispiel also die Gefühlskälte. Jedoch wird Adam im Umgang mit dem Stressfeld Launenhaftigkeit nur dann zu ganzheitlichen Lösungen kommen, wenn er diese Aspekte zu integrieren versteht. Dazu hilft es eben auch, die Eigenschaften der destruktiven Seiten anzuerkennen. Das heißt nicht, sich ihnen dauerhaft und nachhaltig zuzuwenden. Nur sollte Adam sich davon auch nicht unreflektiert abwenden. Das ist eines der Geheimnisse auf dem Weg zur Mitte.

Egoismus ∞ Selbstlosigkeit

Eva an Adam: »Du bist so egoistisch und arrogant.«

Eva wird Adam diesen Vorwurf schon öfter gemacht haben, ohne damit etwas bei ihm zu erreichen. Entweder hat er es abgestritten oder sogar noch ins Positive gedreht nach dem Motto »Frechheit siegt«.

Typischerweise hat Adam beim Fernsehen die Fernbedienung im Griff und bestimmt selbstherrlich das Abendprogramm. Im Extremfall wechselt Adam sogar noch nach Lust und Laune zwischen den Sendern, ohne das Ende des Films oder den Ausgang der Talkshow abzuwarten. Eva zieht sich dann resignierend zurück, entweder konkret in ein anderes Zimmer oder in einen inneren Raum, oder sie macht Adam lautstark Vorwürfe. Doch auch Vorwürfe bringen Eva keinen Schritt weiter, wenn Adam die Macht über die Fernbedienung nicht zu teilen bereit ist, weil diese Form von Egoismus seinem Wesen entspricht.

Für eine Lösung des Konflikts kann Eva sich ganz unabhängig von Adams Bereitschaft, sich zu verständigen, mit *Frage 1* beschäftigen, ob Adam sich selbst gegenüber auch so arrogant verhält. Wahrscheinlich kann sie das verneinen. Aber vielleicht kümmert er sich insgesamt wenig um seine Seele, hat gar kein Verständnis für seelische Belange und lebt vorzugsweise aus dem Ego heraus beziehungsweise aus seiner linken archetypisch männlichen Gehirnhälfte, ohne es sich bewusst zu machen. Diese Erkenntnis wird Evas Situation zwar kaum erleichtern, aber sie kann sich selbstkritisch prüfen *(Frage 2)*, ob sie Adam egoistisch und arrogant begegnet, und wenn ja, wo. Wahrscheinlich tut sie es höchstens in Momenten, wenn er es zu bunt treibt. Gemäß *Frage 3* kann sie gleich einmal nachforschen, wo sie sich selbst – und das heißt auch gegenüber ihrem Selbst – egoistisch und arrogant verhält. Hierbei wird sie ganz unabhängig von Adam zu Erkenntnissen gelangen und sich Situationen vergegenwärtigen, in denen sie mit sich selbst schlecht umgeht, vielleicht sogar angefangen beim Fernsehkonsum. Schafft sie es denn – wenn sie einmal ungestört das Programm wählen kann –, etwas wirklich Gutes anzuschauen? Ist es nicht vielmehr so, dass sie häufig bei dümmlichen Sendungen hängenbleibt und sich später über die vergeudete Zeit ärgert? Ist es nicht ihr Ego, das lieber herumzappt und -zappelt und in bunten Zeitschriften blättert, als ein Buch zu lesen, von dem sie weiß und spürt, dass es sie weiterbringt? Und wie steht es überhaupt mit ihrer Freizeit? Wer bestimmt darüber, das Ego oder das Selbst? So wird es viele Situationen geben, in denen Eva ihrem Selbst egoistisch überheblich und arrogant begegnet.

Das Ego ist der natürliche Gegenpol zum Selbst und von ständiger Angst gepeinigt, weil es ahnt, irgendwann untergehen und sich dem Selbst, das einen viel weiteren Hintergrund besitzt, ergeben zu müssen. Selbst-Verwirklichung ist also ein großes, anspruchsvolles Thema und eigentlich das Größte überhaupt. Insofern wird Eva, wie fast alle anderen, an Übungen zu seiner Verwirklichung häufig scheitern, und der Grund ist auch bei ihr der Egoismus. Ihr kleines Ego wird sich in den Vordergrund drängen und seine vergleichsweise oft kurzsichtigen oder sogar dummen Positionen durchdrücken.

Sinn macht letztlich nur Selbstverwirklichung, aber das ist dem Ego egal; es kämpft mit allen Mitteln um seine Existenz. Dies wird bereits bei so einfachen Dingen wie Essen und Trinken beginnen. Ernährt Eva sich denn wirklich so, wie es ihrer Gesundheit, ihrer Entwicklung und Selbstverwirklichung am besten dient? Praktiziert sie den Sport und die Übungen, die sie weiterbringen auf dem Weg zu sich selbst? Oder gibt sie lieber dem inneren Schweinehund nach, einer starken Unterabteilung des Ego mit erheblicher Durchsetzungskraft? Am inneren Schweinehund, der immer zu bequemsten, ja faulsten Auswegen tendiert, lässt sich auch das Maß an Ego-Dominanz ablesen.

Vielleicht hat Eva längst erkannt, dass sie in Adam eigentlich den idealen Partner hat, der sie immer wieder auf seine penetrante Art an dieses spezielle Thema erinnert. Und hätte sie nicht selbst ein Ego-Problem auf dieser mehr innerlichen Ebene, nie könnte Adam sie so auf die Palme bringen mit seinem Ego-Trip. Das ist auch der Grund, warum praktisch niemand egoistische, arrogante Menschen mag. Sie erinnern uns mit ihrer besonders ärgerlichen Art nach außen projizierten Ego-Theaters an dieses grundsätzliche menschliche Thema.

Eva kann nun auf dieser Ebene der Selbsterkenntnis wundervoll in ihrer persönlichen Auseinandersetzung mit Egoismus bis in höhere geistige Dimensionen vorstoßen. Eigentlich alle spirituellen Traditionen beschäftigen sich mit dieser menschlichen Grundthematik und bieten Lösungen in Gestalt von Meditationen und anderen Exerzitien dafür an. Je mehr Erfahrungen Eva damit macht, desto besser. Es könnte ihr tatsächlich gelingen – besonders unter Zuhilfenahme der Technik des Rituals –, sogar einem egozentrischen Ekel wie Adam mit Verständnis und Mitgefühl zu begegnen, statt dabei eigene Arroganz und Überheblichkeit hervorzukehren. Besonders an der Arroganz lässt sich hier gut arbeiten, denn häufig werden sich überhebliche Gedanken einschleichen wie: »Er ist eben noch nicht so weit.« Lieber sollte Eva die sich bietende Chance zu mehr Selbsterkenntnis ergreifen. Alles was Eva an Adam stört, wird so zum Katalysator für ihre eigene Bewusstseinsarbeit.

Dank des Resonanzgesetzes wird Evas Verhalten langfristig selbst Adam beeindrucken. Das Schicksal wird ihn in Situationen führen, und dazu kann auch Krankheit gehören, die seine persönliche Entwicklung begünstigen und helfen, seine Überheblichkeit zu reduzieren. Vielleicht kann er sogar hin und wieder Dankbarkeit ausdrücken und eine gewisse Demut entwickeln. Wenn es Eva gelingt, ihn mit ihrer Art so zu beeindrucken, dass er sich ebenfalls mit Meditation und spiritueller Philosophie zu beschäftigen beginnt, könnte er davon profitieren und an Selbsterkenntnis gewinnen. Möglicherweise erinnert er sich an ihre früheren Vorwürfe und fängt an, sein egoistisches Verhalten zu durchschauen, besonders in Momenten tiefer Meditation, wenn das Ego schweigt. Möglicherweise kann Adam erstmals den eigenen Leidensdruck ermessen, der durch die spürbare Antipathie der Umgebung entstanden und mit seinem auftrumpfenden Egoismus ständig gewachsen ist.

Eva wiederum könnte auf der an sich wenig ergiebigen Vorwurfsebene auch das Problem in seinen Gegenpol umkehren und Adam einen Mangel an Selbstlosigkeit, Unterordnung und Demut vorwerfen und diese Qualitäten von ihm einfordern, was aber auf dieser Ebene des Vorwurfs wie üblich nichts bringt. Nach Art von *Frage 1* zu forschen, ob Adam sich und seinem Selbst gegenüber mehr Demut zeigt, ist wahrscheinlich nicht zielführend. Falls er überhaupt von (s)einem Selbst weiß, wird er sich diesem kaum unterordnen, sondern seine Ego-Ansprüche ausleben und durchdrücken. Immerhin könnte sich bei Eva nun ein gewisses Mitgefühl für Adam regen, denn Adam sitzt in einer Falle und weiß es nicht. Während er seine Umwelt gegen sich aufbringt, verbaut er sich wertvolle Entwicklungschancen.

Die *Frage 2,* die darauf abzielt, in welchem Maß es Eva gelingt, einem Egozentriker wie Adam selbstlos und mit bewusster Unterordnung zu begegnen, wird ebenfalls keine großartigen Ergebnisse liefern. Denn selbst wenn sie sich ihm bisher missmutig und widerwillig aus Schwäche untergeordnet hat, ist das keine gute Lösung, sondern nur die Schattenseite der Selbstlosigkeit. So sind sie beide Opfer des Schattenprinzips: er in seinem unbewussten Egoismus, sie in ihrer Unterordnung aus Schwäche, die mehr mit erzwungener Selbstaufgabe denn mit echter Selbstlosigkeit zu tun hat. Die erlöste Lichtseite besteht in der Hingabe – die es in der Einheitserfahrung des Orgasmus gibt, wo sie eins wird mit ihm und mit allem, wo die Selbst-Losigkeit sich fast wie Selbstverwirklichung anfühlt.

An dieser Stelle kann Eva jedoch ihre Perspektive erweitern durch die Erkenntnis, dass Selbstlosigkeit, Hingabe und Demut auch eine Schattenseite haben, wenn diese Eigenschaften aus Schwäche statt aus spiritueller Stärke gezeigt werden. Das war wahrscheinlich bisher bei ihr der Fall und führte nur zu Leid und Wut. Eva war vielleicht einfach zu schwach und ohnmächtig, um sich gegen Adam zu wehren, und hat sich deshalb in Unterordnung und gespielte Demut geflüchtet. Das heißt, selbstlose Hingabe, Altruismus und aufopferungsvolle Sorge für andere haben auch einen erheblichen Schatten, und den kennt Eva bereits recht gut von sich selbst. So mögen ihr die Worte von Christus einfallen: »Wenn dich jemand auf die rechte Wange schlägt, biete ihm auch die linke dar.« Hier wird auf eine Demut und Hingabe verwiesen, die aus innerer Stärke geschehen – und aus der Weisheit heraus, dass Zurückschlagen nur dazu führt, eine Kette von destruktiven Aggressionshandlungen in Gang zu setzen.

Erinnert sei in diesem Zusammenhang auch an das Bibelwort: »Sei heiß oder kalt, die lauwarmen will ich ausspeien.« Eine lauwarme Hingabe aus Angst, Ohnmacht und Schwäche ist also gar nicht erstrebenswert, sondern mutige Menschen sind gefordert, die sich trauen, in die Extreme zu gehen. Erst wenn sie das verwirklicht haben und beide Extreme kennen, können sie die erlöste Demut wählen und sich lieber weiter schlagen lassen, als ein ständiges Hin und Her in Sachen eines destruktiven Aggressionsaustauschs in Gang zu halten. Sich bewusst schlagen zu lassen ist für das Ego nicht möglich, sondern setzt ein weitgehend verwirklichtes Selbst voraus.

Eva wird auffallen, dass Ohnmacht und Auslieferung aus Schwäche genauso Extreme sind wie der Egoismus, ja die Egomanie von Adam. Es sind zwei gleichermaßen destruktive Extremwelten, in denen sich Eva und Adam bisher begegnet sind, und es muss auch dazu eine konstruktive, sogar erlöste Seite existieren. Zu erkennen ist sie in der Selbst-Verwirklichung, wenn jemand zu sich und seinen

Anliegen und Themen steht und sie auch ausdrückt, ohne andere zu erniedrigen. Hier spielen Selbstliebe und die Sorge um sich und die eigene Selbstverwirklichung herein; hier nimmt jemand nicht sich, sondern sein Selbst wichtig und ist bereit, seinen eigenen Weg zu sich selbst zu gehen.

Jetzt kann Eva sich die entscheidende Frage stellen, ob sie sich und ihrem Selbst mit Hingabe dienen kann. Hier wird sie wiederum auf jede Menge Entwicklungsbedarf, aber auch auf potenzielle Entwicklungsmöglichkeiten stoßen und idealerweise beginnen, sich lange und intensiv mit sich selbst – mit ihrem Selbst und ihrer Selbstverwirklichung – zu beschäftigen. Es ist eine Ebene, die sie schon kennt und von der sie weiß, wie viel noch zu tun und zu verwirklichen ist.

Daraus kann mit der Zeit auf der Ebene rituellen Bemühens auch ein neuer Zugang zu Adam entstehen, wie schon beschrieben. Selbst Adam vermag langfristig gesehen, einer selbstlosen Handlungsweise nur entsprechend selbstlos zu begegnen, dafür sorgt das Resonanzgesetz. Doch dies ist ein tiefgreifender Prozess, wobei das Ego sowieso für jeden eine lebenslange Aufgabe darstellt, an der nicht wenige Egomanen wie Adam auch ein Leben lang scheitern. Aber eine Frau wie Eva, die sich der *4 Seiten der Medaille* und der gemeinsamen Wirklichkeit bewusst wird, kann ihren Beitrag leisten. Von Anfang an vertraut mit den vier Seiten wird Eva sich natürlich viel rascher darüber klar, dass Egoismus und arrogante Dominanz zwar destruktiv sind, wie sie es ja an Adam erlebt, aber auch eine konstruktive Seite haben müssen. Selbstbewusst eigene Interessen zu vertreten, zu sich und ihnen zu stehen und sie durchzusetzen, diese konstruktive Seite ist genau das, was ihr fehlt. Dies ist ihr Ziel für sich selbst und gegenüber Adam. Insofern kann er ihr hier zum Wegweiser werden. Selbstlosigkeit, Hingabe, Einordnung und Demut, erlöst und konstruktiv – daran arbeitet sie jetzt, denn in ihrer (lieben) Not mit Adam hat sie die Schattenseiten dieser Qualitäten ge- und erlebt in Form von Unterwürfigkeit, Selbstverleugnung und Erniedrigung. Eva hatte sich zum Spielball fremder Interessen machen lassen, was wieder ausgesprochen destruktiv ist und von ihr auch so empfunden wurde. Doch mit Hilfe des Tetragramms kann Eva jetzt ihre Chance für ihre eigene und eine weitere gemeinsame Entwicklung nutzen.

∞ Der Weg durchs Tetragramm

Egoismus tritt häufig gepaart mit Arroganz, Hochmut und Protzerei in Erscheinung, natürlich auch mit überzogener Selbstdarstellung, weil das Ego eine Bühne und Bestätigung benötigt, diese auch sucht und sogar erwartet. Selbstsüchtige Menschen wie Adam provozieren meist allein durch ihr Auftreten. Wenn sie dann noch permanent über sich selbst reden und Fragen an Mitmenschen nur dazu nutzen, gleich wieder mit eigenem Geplapper fortzufahren, wird das für die Mitmenschen zum Stressfaktor. Sich selbst so sehr gefallen, auf sich selbst so sehr bezogen sein, lässt vergessen, dass es auch andere gibt mit eigenen

Anliegen und Interessen. Es liegt jenseits der Möglichkeiten des wahren Egoisten, die Bedürfnisse und Standpunkte des Gegenübers zu hören und ihnen gar etwas Positives abzugewinnen.

In Feld 1 notiert Eva die destruktiven Seiten von Egoismus, die sie an Adam erlebt und die für sie zum Stressfaktor geworden sind: Wichtigtuerei, Protzerei, Egomanie, Geltungssucht, Arroganz. Dazu gehören auch Hochmut und Rechthaberei. Der Egoist selbst wird sich von diesen Eigenschaften meist nicht direkt beeinträchtigt fühlen, sondern nur indirekt über die ablehnenden Reaktionen der Umgebung oder den Rückzug des Partners. Zumindest leidet nicht sein Ego. Andere Anteile seines Wesens mögen hingegen sehr darunter leiden, weil es auf dem spirituellen Weg ja um Befreiung vom Ego geht, um das Wegkommen von dieser Art von Ichbezogenheit.

Der Gegenpol in Feld 2 wäre der Ort, wo das Großkotzige verschwindet, wo alle wieder Platz bekommen, wo auch Eva zählt und von Adam wahrgenommen wird, wo beide aufeinander Bezug nehmen, einander sehen und erkennen. Eva hat sich entschieden, das Sehnsuchtsfeld 2 mit dem Begriff Selbstlosigkeit zu betiteln, obwohl Begriffe wie Zurückhaltung oder Altruismus auch denkbar sind. Jedenfalls wäre sich in diesem Feld 2 des Tetragramms jeder sehr bewusst, dass er nicht allein auf der Welt ist und auch nicht ausschließlich alle Rechte für sich in Anspruch nehmen kann. Es besteht eine Bereitschaft, zu teilen und dem anderen Raum zu geben. In der wohl reinsten Form bedeutet es, tatsächlich selbstlos zu sein, selbstvergessen in seiner Aufgabe aufzugehen, sich sogar von etwas lösen zu können, um sich uneingeschränkt für das Wohl des anderen einzusetzen. Es bedeutet, eigene Bedürfnisse, Ansichten, Meinungen hintanzustellen und wahrhaft zu dienen. Viele christliche Ordensgemeinschaften haben das zum Programm erhoben, etwa die Franziskaner *(Ordo Fratrum Minorum)*, die sich bewusst die »minderen Brüder« nennen und ihre Aufgabe in dienender Armut sehen, ähnlich wie die *Missionarinnen der Nächstenliebe,* der von Mutter Teresa gegründete Orden.

Im Sehnsuchtsfeld 2 notiert Eva: Uneigennützigkeit, Altruismus, für andere sorgen und Hingabe. Das Stichwort sich aufopfern könnte ihre Liste an dieser Stelle noch ergänzen; Eva setzt es jedoch bewusst in das Schattenfeld 3. Eine solche Wahlmöglichkeit in der Felder-Zuordnung von Begriffen, die sich hinsichtlich ihrer konstruktiven oder destruktiven Qualität nicht eindeutig festlegen lassen, ist oft gegeben.

Sogar Hingabe und Selbstlosigkeit haben ihre Schattenseiten, und diese werden in Feld 3 gewürdigt. Selbstlosigkeit, ja Selbst-Vergessenheit, bedeutet in überzogener Form, dass jemand gar nicht mehr an sich denkt, womöglich auch äußerlich verschlampt und irgendwie verlorengeht. Die Fähigkeit, aus sich heraus zu sagen, was man möchte und wozu man steht, scheint zu verkümmern, und damit ist es zur Unterwerfung unter fremden Willen nicht mehr weit. Andere können nun den ganzen Raum einnehmen, und das geschieht in allen möglichen Lebenslagen. Falls diese Unterwürfigkeit dann noch zur Tugend erklärt wird, obwohl man schon darum kämpft, sein Selbst zu stabilisieren, besteht die Gefahr, auch noch willfährig zu werden und sich weiter zu erniedrigen bis zur totalen Hörigkeit. In Feld 3 des Tetragramms umschreibt Eva die destruktiven Seiten von Selbstlosigkeit mit: sich aufopfern, Unterordnung, Unterwerfung, Willfährigkeit, Selbsterniedrigung, Selbstverleugnung.

Tetragramm: Egoismus ∞ Selbstlosigkeit

In Feld 4 beschäftigt sich Eva anschließend mit dem »Gold im Schatten« und erkennt die Selbstliebe als Voraussetzung für Nächstenliebe und Hinwendung zum anderen. Dieser Eigen-Sinn ist nicht nur wichtig für Menschen in helfenden Berufen oder für Mütter, sondern beispielsweise auch für Künstler, die ihre Inspiration umsetzen und sich verwirklichen. Viele große Persönlichkeiten werden bewundert, weil sie unbeirrt ihren Weg gehen, ihre Anliegen verfolgen und erfolgreich zu präsentieren verstehen – und damit oft auch andere glücklich machen und ihnen dienen. Abgesehen davon sind Narzissten nachweislich durchaus eine Bereicherung für einen Betrieb. Mit ihrer Überzeugungskraft vermag eine narzisstisch veranlagte Person andere leicht mitzureißen und so die Voraussetzung für späteren Erfolg zu schaffen. Somit sammelt Eva im Feld 4 für sich die Begriffe: Selbstverwirklichung, Eigenwert sehen, für sich sorgen können, Eigenliebe, zu sich stehen, den eigenen Weg gehen.

Eine kurze Übung um Egoismus abzustreifen

Wenn Sie durch den Egoismus eines anderen Menschen verletzt wurden, kann Ihnen, sozusagen im Schnellverfahren, folgende Übung helfen, wieder in Ihre Mitte zu kommen. Ziehen Sie sich für einen Moment zurück, und beantworten Sie sich folgende Fragen:

- Wo und wann bin ich selbst so egoistisch, wenn auch vielleicht auf anderen Gebieten?
- Wie stark oder konsequent lebe ich im Gegensatz dazu meine selbstlose, altruistische Seite?
- Sind mir die Schattenseiten meiner Selbstlosigkeit bewusst? Neige ich dazu, diese vorzugsweise zu leben?

- Wie sehr stehe ich zu mir und meinen Bedürfnissen? Gehe ich wirklich meinen Weg? Verwirkliche ich mich selbst?

Und dann noch die beiden Zusatzfragen zum Tetragramm auf Seite 152:
- Was kann ich der Grundqualität des destruktiven Feldes 1 abgewinnen?
- Was kann ich der Grundqualität des destruktiven Feldes 3 abgewinnen?

Halten Sie Ihre Antworten am besten schriftlich fest. Diese Übung eignet sich über den Egoismus hinausgehend für alle stressenden Themen und Eigenschaften.

Unordnung ∞ Ordnung

Eva an Adam: »Du bist viel zu schlampig und unordentlich.«

Natürlich könnte sich Eva als mit den Schicksalsgesetzen vertraute spirituell Suchende sofort wieder sagen: »Das muss mit mir zu tun haben« und auf die Suche nach ihrer eigenen Unordentlichkeit gehen. Das aber ist viel verlangt, angesichts des Chaos, das Adam anrichtet.

Eva macht Adam den Vorwurf, nicht achtsam und klar genug mit ihren persönlichen Dingen und den gemeinsamen Besitztümern und Angelegenheiten umzugehen. Um mehr Verständnis für Adam zu bekommen, beginnt Eva mit Hilfe von *Frage 1* zu überlegen: »Ist er denn achtsam und ordentlich mit seinen eigenen Dingen?« Wahrscheinlich ist ihr sofort klar, dass das nicht der Fall ist. Diese Einsicht bringt schon einmal den Nebeneffekt, dass sie sich sagen kann: »Sein Verhalten ist nicht gegen mich gerichtet, sondern er kann es einfach nicht besser, hat es vielleicht nie gelernt. Ich bin das unabsichtliche Opfer seines Unvermögens.« Das ist nur ein kleiner, aber immerhin ein Fortschritt, da sie Adam nicht mehr Böswilligkeit unterstellen muss, sondern seine Unfähigkeit erkennt – und Letzteres ist weniger emotional geladen.

Auf einer nächsten Ebene stellt Eva mit *Frage 2* den Selbstbezug her: »Gehe ich selbst achtsam und ordentlich mit Adam um und mit dem, was ihm gehört?« Vielleicht wird sie dagegenhalten, dass es ja nichts bringe, die Sachen eines Unordentlichen pfleglich und sorgsam zu behandeln, da er ja doch alles sofort wieder durcheinanderschmeiße. Vielleicht kann sie auch zugeben, dass sie nicht die geringste Lust hat, ihm etwas hinterherzuräumen, weil seine Sachen ihr letztlich sowieso nicht wichtig sind. Jedenfalls besteht die Tendenz, ihm wiederum Schuld zuzuschieben.

Interessant wird es nun bei *Frage 3,* ob Eva sich überhaupt um sich und ihre eigenen Dinge achtsam kümmert und eine ordentliche Person ist. Möglicherweise wird sie auch hier wieder anführen, wie schwer so etwas zu bewerkstelligen sei in derselben Wohnung mit so einem Schlamper wie Adam als Partner. Aber letztlich muss sie wohl zugeben, dass es am sinnvollsten ist, bei sich selbst anzufangen und Adams Verhalten zunächst ganz aus dem Spiel zu lassen. Sie könnte all die Dinge in Ordnung bringen, mit denen er gar nichts zu tun hat, zu denen er weder Zutritt noch Zugriff besitzt, zum Beispiel die Dateiordner in ihrem Laptop oder die in Schachteln gesammelten Papierabzüge von Fotos, ihre persönlichen Papiere, ihre Bücher und anderes mehr. Vor allem aber könnte sie sich auch innerlich auf die Suche begeben, um dort Felder von Unordnung und Unachtsamkeit aufzuspüren, die noch ihrer Aufmerksamkeit bedürfen. Vor allem wenn sie sich der Seelen-Bilder-Ebene bedient – was sehr zu empfehlen ist –, könnte sie sicher vieles finden, was auf Verarbeitung und Einordnung harrt. Plötzlich ist der Bereich eigener Betroffenheit riesig groß. Hier könnte Eva fast endlos lange an sich arbeiten, statt sich über Adams achtlos hingeworfene Sportklamotten aufzuregen.

Die Effekte wären für Eva noch gewinnbringender, wenn sie schließlich das eigene Bewusstsein als Aufgabe hinnehmen und anfangen würde, ihre eigenen Gedanken zu ordnen. Als spiritueller Weg zur Ordnung des eigenen Gedankenchaos bieten sich zum Beispiel die Zen- oder Vipassana-Meditation an. Damit liegt der Schwerpunkt von Evas Aufmerksamkeit nicht mehr auf Adams Chaos, sondern auf einem spirituellen Exerzitium, das vieles und letztlich sogar alles lösen kann.

Mit Sicherheit wird sich Eva nach einer längeren Phase des Ordnungsschaffens in eigenen Gedanken- und Seelenwelten auch die materielle Ebene ihres Lebens vornehmen, etwa Dateien aktualisieren, Papiere ordnen, Schränke entrümpeln und so weiter. Wenn sie auf der entscheidenden Ebene, wo es um sie geht und wo sie am tiefsten berührt wird, wesentliche Entlastung erfährt, wird es auch Zeit, die Ebene der gemeinsamen Lebensbasis anzugehen. Adam wird längst bemerkt haben, wie erfolgreich sich Eva um ihre eigenen Angelegenheiten gekümmert hat und wie gut ihr das tut. Wenn Eva jetzt den nächsten Schritt als Ritual vollzieht und dabei dessen tiefen Sinn erkennt und umsetzt, sind die Chancen gut, dass Adam an ihrem Vorbild lernt und beide gemeinsam wachsen, statt zu streiten.

Da Eva bereits ihre eigenen Bereiche mit Achtsamkeit geordnet hat und wahrscheinlich am Ordnen, jedenfalls am geordneten Endergebnis, Freude hat, wäre sie bereit, sich auf neue Art Adams Unordnung zu widmen: An den Berührungspunkten zwischen ihren und Adams Sachen kann Eva – inzwischen ohne den geringsten Vorwurf – jedes entstandene Chaos als willkommene Gelegenheit nehmen, wie in einem Zen-Ritual achtsam Ordnung zu schaffen, und das, was Adam gehört, in seinen wohl noch sehr chaotischen Bereich legen, und zwar ohne erhobenen Zeigefinger. Wer sich der Übung unterzieht, täglich um fünf Uhr morgens den bereits spiegelblanken und blitzsauber gescheuerten Boden eines Zen-Klosters auf den Knien zu putzen, hat es natürlich leichter, als sich mit einem verschlampten Ehepartner auseinanderzusetzen, aber im Prinzip ist es dasselbe. Gelingt es Eva auch noch auf liebevolle Weise, wird es auf Dauer seine Wirkung auf Adam nicht verfehlen.

Falls es Eva überfordert, mit gutem Beispiel voranzugehen, kann sie auch einfach einmal Urlaub von dem Chaos machen und in einem Zen-Seminar ganz rituell und konsequent darangehen, bei sich innerlich weiter Ordnung zu schaffen. Wahrscheinlich fällt ihr das häusliche Ordnungsritual danach leichter. Wenn nicht, kann sie auch gleich wieder abreisen und ein weiteres Retreat machen – mit dem Hinweis, wenn Adam sie wieder bei sich haben wolle, könne er es dadurch zeigen, dass er ihr beim Ordnungschaffen entgegenkomme und in ihrer Abwesenheit schon mal übe, wie sie es gerade auch auf ihre Weise tue. Allerdings wird hier die Nähe zu Erpressung schon deutlich, also ist es keine sehr elegante und vor allem auch keine zuverlässig wirksame Variante.

Falls Eva auf ihrer Ebene gut an sich gearbeitet hat und in ihrer inneren Ordnung gewachsen ist, wird es auch an den gemeinsamen Berührungspunkten Erfolge geben, und Eva kann – mit derselben rituellen Haltung, in der sie die gemeinsamen Berührungsbereiche geordnet hat – fortschreiten und anfangen, sogar Adams Chaos zu ihrer Achtsamkeitsübung zu machen, allerdings wieder ohne Vorwürfe und Ermahnungen. Selbst wenn bei ihr nur stille Verachtung dabei ist, kann sie dies als Zeichen werten, dass es noch nicht an der Zeit ist beziehungsweise sie noch nicht reif dazu ist, schon weiterzugehen. Allerdings wird ein halbwegs gemeinschaftstauglicher Partner inzwischen längst mit Entgegenkommen und eigenen Anstrengungen auf die Suche nach eigener Ordnungsliebe gegangen sein. Das ist auch wichtig, um den letzten Punkt noch zu schaffen, sich der eigenen (Un-)Ordnung anzunehmen. Hilfreich auf diesem Weg wird es sein – ob es sich bei dem unordentlichen Chaoten um den Mann, die Frau oder auch das Kind handelt –, allmählich dazu überzugehen, den Verursacher die Konsequenzen seiner Unordnung immer mehr selbst tragen zu lassen.

Doch kreatives Denken ist immer auch unordentlich – wie Albert Einstein anmerkt –, denn es folgt nicht der vorgegebenen Ordnung, sondern versucht, unbekannte und jedenfalls noch nicht gesicherte Wege zu gehen. Von Einstein stammt auch die Erkenntnis, dass die Problemebene nie die Lösungsebene sein könne. Deshalb lohnt es sich, mit den Ebenen zu spielen und auf seelischer und geistiger oder auch sozialer Ebene zu suchen, was auf materieller Ebene nicht zu finden ist.

Im Prozess der *4 Seiten der Medaille* sieht Eva plötzlich, dass Unordnung nicht nur Chaos, sondern auch Kreativität umfassen kann und Ordnung mindestens zwei Seiten hat, eben auch eine negative im Sinne spießiger Anpassung und zwanghafter Beklemmung. Wenn es Eva folglich gelingt, ihre geliebte Ordnung kritischer zu sehen und deren Schattenseiten anzunehmen, wird sie noch ein deutliches Stück wachsen und Adam vielleicht sogar dankbar sein können für seine Anregungen und Wachstumsimpulse der Befreiung. Vielleicht spürt sie, wenn sie über die innere Seelen-Bilder-Welt in ihr Reich der Ordnung eintaucht, dass sie sich das Leben auch schwer macht. Nicht nur Adams Unordnung ist eine Herausforderung, sondern auch außerhalb ihrer vier Wände ist Eva vor Chaos nicht geschützt. Selbst in einem so ordentlichen Land wie der Schweiz ist der öffentliche Raum nicht so makellos wie der persönliche. Würden städtische Parkanlagen so aussehen wie private Vorgärten, ließe sich bei der Stadtreinigung mit Sicherheit viel Personal einsparen.

Möglicherweise fällt Eva sogar auf, dass sie sich die spannendsten und schönsten Reisen in andere Länder und Kontinente verkneift, weil sie Angst vor Schmutz und Chaos hat. Wenn sie sich daran reibt, muss es sie persönlich etwas angehen und an etwas Persönliches erinnern, an ihre eigene Resonanz zum Thema. Oder es deutet den Gegenpol an und die Ahnung, dass aus dem Urchaos des Urmeeres das erste Leben entstanden ist. Eva könnte entdecken, dass es sich um einen unglaublich fruchtbaren Bereich handelt, der sie hier so stark herausfordert und von ihr so peinlich gemieden wird. Dabei will etwas in ihrer Seele ihn vielleicht entdecken, sodass sie sich erlauben kann, fruchtbarer, kreativer, spielerischer, verrückter und produktiver zu werden. Und so könnte sie gleich anfangen, an vieles nicht so ernst und steif heranzugehen. Es könnte ihr mit der Zeit sogar noch gelingen, die ungeliebte Unordnung von Adam offener zu betrachten: Vielleicht ist er so schlampig, weil er etwas anderes im Kopf hat. Sie könnte sich darüber freuen, dass er Ideen verfolgt und geistig rege ist – und nebenbei eine Lebenshaltung von erwartungsfreier Offenheit kultivieren, bei der erst einmal versucht und einfach unbeschwert begonnen wird, statt alles im Vorfeld festzulegen. Plötzlich sind möglicherweise auch weniger durchgeplante und viel spannendere Urlaubsreisen möglich. Der unstrukturierte Adam ist womöglich genau der richtige Partner, um spontan ins Blaue zu fahren und sich treiben zu lassen.

Vielleicht merkt Eva bei solchen Ausflügen ins Reich der Kreativität, dass die Unordnung tatsächlich auch erlöste, konstruktive Aspekte hat und dass ihre bisherige strikte Ordnung eben auch eine Schattenseite mit sich bringt, die sie stresst. Könnte es auch sein, dass ihre Ordnungsliebe eine eher neurotische Form von Liebe ist, die niemanden freut, sondern beengend wirkt? Wenn sie nie fünf gerade sein lassen kann, schon aus Prinzip nicht, wird an erster Stelle ihr eigenes Leben anstrengender. Und was ist das für eine Last, ihrem Adam und eigentlich jedem ständig hinterherräumen zu müssen, weil ihre Welt schon bei geringster Unordnung zusammenzubrechen droht! Wäre es nicht so viel leichter, einfach einen spannenden Roman zu lesen und vielleicht schmunzelnd mitzuerleben, wie Adam das eigene Chaos zu viel wird und er anfängt, aufzuräumen und sein Zeug zu ordnen. Schon ist aus einem Vorwurf eine große weite Palette von Entwicklungsmöglichkeiten entstanden.

Teil 4: Stressfelder im Privat- und Berufsleben

∞ Der Weg durchs Tetragramm

Es gibt genügend äußeren Anlass für den Stressfaktor Unordnung: die Schlampigkeit des Partners im Haushalt, das Chaos im unaufgeräumten Kinderzimmer, der von unsortierten Akten überquellende Schreibtisch des Bürokollegen. Es stört die Art, wie andere Menschen den Müll sortieren oder ihr Fahrzeug abstellen, wie sich Menschen in der Warteschlange verhalten oder auch wie chaotisch Rettungsmaßnahmen im politischen oder wirtschaftlichen Bereich ablaufen. Außerdem kann das eigene Unvermögen stören, den Dingen einen klaren Rahmen zu geben. Oder es stört die anscheinend endlose, aber wenig erfolgreiche Anstrengung, wenigstens in einigen Bereichen des eigenen Lebens wirklich Ordnung zu schaffen und sie auch zu halten. Man kann sich selbst vorwerfen, den roten Faden immer wieder zu verlieren und sich nicht angemessen auszudrücken, sodass andere nicht folgen können.

Für Eva ist Unordnung eindeutig der Stressauslöser (Feld 1), ergänzt durch weitere unangenehme Aspekte wie Unachtsamkeit, Nachlässigkeit, Schlamperei, Chaos, Unzuverlässigkeit. Der Unordnung ist zunächst schwerlich Gutes abzugewinnen, denn sie steht für das Unberechenbare, die Missachtung der bestehenden Übereinkünfte. Unordnung ist somit auch bedrohlich für Evas »heile« Welt. Eva verlangt es nach Ordnung, und sie setzt diesen Begriff in das Sehnsuchtsfeld 2. Eva mag es, wenn alles seinen Platz hat und sie sich gut auskennt und zurechtfindet. Sie zieht einen Ort vor, wo keine Gefahr droht, wo nichts aus dem Ruder läuft oder eine unkontrollierbare Eigendynamik annimmt. Sie zieht Gewinn aus gut durchdachten, organisierten und strukturierten Abläufen. Somit notiert sie in Feld 2 auch: Struktur, Klarheit, Achtsamkeit, Sorgfalt und Berechenbarkeit.

Doch dann geht es um die destruktiven Eigenschaften der von Eva erstrebten Ordnung, etwa in Gestalt eines Büromitarbeiters, der seine Unterlagen täglich mehrmals ordnet und überprüft und millimetergenau aufeinanderstapelt. Doch wenn die Ordnung zu weit geht und etwas zwanghaft getan werden muss, weil jede Abweichung ungemein stört, wird sie zum Stressfaktor. Vor allem wenn diese Pedanterie mit dem Anspruch verbunden ist, dass auch alle anderen sich dem strikten Muster zu beugen haben. Wann immer äußere Ordnung mit Zwang verbunden wird und bei Nichteinhalten Angst auftritt, sprechen Psychologen von Zwangssymptomen. Dahinter steht dann in aller Regel ein entsprechendes inneres Chaos, das mit der äußeren Pedanterie mühsam unter der Bewusstseinsoberfläche gehalten wird. Eva notiert also in Feld 3: Übergenauigkeit, Überregulierung, Starre, Ordnungsfimmel, Pedanterie und zwanghafte Anpassung.

Nun bleibt Eva noch, die konstruktiven Aspekte anzusehen und Unordnung zum Beispiel als Quelle von Kreativität schätzen zu lernen. Kleinkindern wird dies meist zugestanden, die etwa mit Getöse ihre Spielzeugkiste ausleeren und munter loslegen mit spannenden neuen Kreationen. Kinder scheren sich nicht darum, dass es bei ihren

Werken »ordentlich« zugeht. Das gilt auch für Künstler. Ein Musikstück wird beispielsweise durch bewusst hineinkomponierte Dissonanzen erst vervollkommnet. Auch die Biografie eines Menschen mit bewegtem Schicksal – inklusive tiefem Fall – zieht das Publikum mehr in Bann als die Geschichte einer wohlgeordneten bürgerlichen Existenz; jede Beziehung, in der nichts Ungeplantes mehr passiert, würde langweilen. Dort, wo noch nichts verplant und zugeordnet ist, können neue Verbindungen geschaffen werden. Erfolgreiche Menschen verlassen bewusst die alten Bahnen, um zu experimentieren. Eva findet eine Fülle von Beispielen für das Konstruktive in der Unordnung und notiert in Feld 4: gestalterischer Freiraum, Kreativität, Lebendigkeit, neue Wege gehen, Freiheit.

Erkennbar wird, dass lästige äußere Unordnung mit innerer Unordnung zu tun hat, wenn auch oftmals auf anderen Ebenen. So mag die provozierende Unordnung im Haushalt mit innerem Chaos in beruflichen oder familiären Angelegenheiten in Resonanz gehen und diese auch kompensieren. Wie immer geht es um die Selbsterforschung. Der große Vorteil einer erweiterten Sichtweise bringt hier möglicherweise eine neue Freiheit, Dinge bewusst in Unordnung zu bringen und dann auch wieder bewusst für Ordnung(en) zu sorgen. Das heißt, aus unbewussten stereotypen Mustern und Verhaltensweisen und Wertungen auszubrechen und jedem der beiden Pole seine Daseinsberechtigung und seine Vorzüge zuzugestehen – auch den Menschen, die als Auslöser für diesen inneren Prozess dienen.

Unordnung ∞ Ordnung

Tetragramm: Unordnung ∞ Ordnung

Um abschließend die destruktiven wie konstruktiven Seiten der Medaille in ihrer Ganzheit zu erfassen, kann sich Eva beispielsweise den Begriff Pedanterie (Feld 3) vornehmen und näher betrachten. Ein Pedant ist jemand, der sich mit Kleinigkeiten beschäftigt und diesen große Bedeutung zumisst – und das kann sehr vorteilhaft und auch lebensrettend sein. Eine Gewebsprobe, die auf krankhafte Veränderung untersucht wird, sollte akribisch geprüft werden. Kleine Veränderungen haben hier wesentliche Aussagekraft. Ein Statiker sollte eine Konstruktion penibel berechnen, um ihre Tragfähigkeit festzustellen, dazu muss er auch genaue Materialkenntnis haben. Also ist ein hohes Maß an Beschäftigung mit Details durchaus sehr nützlich und wertvoll, solange der Wald vor lauter Bäumen nicht aus den Augen verloren wird.

Lustlosigkeit ∞ Lust

Adam zu Eva: »Du bist mir zu lustlos im Bett.«

Wäre Eva völlig lustlos nicht nur in Bezug auf Adam, würde dies auf eine medizinische Diagnose, Frigidität und eventuell Anorgasmie, hinauslaufen, und das wäre Eva schwerlich zum Vorwurf zu machen. In solch einem Fall käme es darauf an, Eva eine Therapie zu empfehlen oder zu ermöglichen. Doch um generell von der Ebene des Vorwurfs Abstand zu nehmen, ist wieder eine Klärung ratsam beginnend mit *Frage 1:* »Ist Eva auch in Bezug auf sich selbst so lustlos?« Wie wichtig und erhellend gerade diese Frage ist, haben die Jahrzehnte in der ärztlichen Beratungspraxis gezeigt, wenn trotz Diagnose Anorgasmie nicht selten zu hören war: »Also, wenn ich selbst ... Das geht schon.« Solch eine Antwort würde nahelegen, dass bei Eva kein körperliches Problem vorliegt. Wenn Eva lediglich auf Adam keine Lust mehr hat, wird sie ihm das wahrscheinlich verheimlichen, und er wird sich in der Regel diese erste Frage vorerst nicht beantworten können, was zunächst sogar besser sein mag, um seinen Groll auf Eva – und auch unbewusst auf sich selbst, da er ja seine Partnerin nicht befriedigen kann – nicht noch weiter zu verstärken.

So könnte Adam sich intensiver damit beschäftigen, wie lustvoll Eva generell ihr Leben gestaltet und wie es um ihre Lebenslust insgesamt bestellt ist. Hätte Eva gar keinen

Appetit mehr aufs Leben, wäre es höchste Zeit für ein offenes Gespräch zwischen beiden, um gemeinsam den Hintergrund für ihr Desinteresse, ihre Lustlosigkeit, Trägheit, Antriebslosigkeit im Allgemeinen und ihre scheinbare Gefühlskälte und Frigidität ihm gegenüber zu finden. Wenn sich beide gemeinsam auf die Suche machen, woran es liegt, dass Eva die Lust am Leben, am Leben mit ihm und letztlich auch an ihm als Mann fehlt, und was notwendig wäre, all das wieder zu erwecken, wird ihnen das für viele Bereiche die Augen öffnen und einander erneut näherbringen. Es wäre jedenfalls hilfreich nachzuforschen, wo Eva sonst noch die Lust am Leben verloren hat und wie das alles begonnen hat. Damit ließe sich bereits sehr vieles klären, vorausgesetzt Adam ist über Evas Situation halbwegs im Bilde.

Nun stellt sich im Gegenzug die *Frage 2*, ob Adam denn selbst noch (viel) Lust auf Eva hat, was er wohl verneinen und mit ihrer Lustlosigkeit begründen wird. Natürlich ist es schwer, auf jemanden Lust zu haben, der so gar keine Lust für einen selbst zu empfinden scheint. Allerdings gibt es dafür natürlich immer Gründe. Es könnte also das Problem auch bei Adam liegen, der es einfach nicht versteht, Eva nach allen Regeln der Liebeskunst zu verführen, sie zu erregen und ihre Lust zu entfachen. Möglicherweise findet er nicht die richtigen Worte, kann Eva nicht mehr umgarnen wie am Anfang ihrer Beziehung. Vielleicht ist er zu träge geworden, romantische Situationen zu schaffen, sie zum Tanzen auszuführen oder auf eine Vernissage zu locken, sie mit einem Ausflug zu überraschen. Und vielleicht fehlt es ihm auch einfach an Kreativität und Raffinesse im sinnlich-erotischen Bereich. Er hat wohl noch viel sinnliche Lust auf Eva, kommt aber bei ihr nicht an, weil er möglicherweise das Liebes(vor)spiel ausfallen lässt. Vor diesem Hintergrund gibt es mindestens zwei Erklärungsmöglichkeiten für Evas Unlust. Entweder ist Adam ihr mit seiner plumpen Art langweilig geworden und für sie damit erotisch uninteressant. Oder etwas Schwerwiegendes hat Eva die (Lebens-)Lust geraubt und will und muss gefunden und gelöst werden, um mit diesem Problem fertigzuwerden. Spätestens jetzt ist es wichtig, dass beide ehrlich miteinander sprechen. Eva könnte die Chance nutzen, Adam wissen zu lassen, was sie sich wirklich wünscht, was sie anregend und erregend findet, was ihre Leidenschaft und ihre Lebensgeister auf verschiedenen Ebenen weckt. Adam hätte die Möglichkeit zu erfahren, was Eva braucht, um sich dem Leben und ihm als Mann wieder voller Sinnenfreude hingeben zu können. Denn oft ist nicht nur die körperliche Lust, sondern auch die Lust auf ein gemeinsames Leben mit ihm und auf das Leben überhaupt eingeschlafen.

Evas Unlust muss gar nicht zwingend im Zusammenhang mit Adam stehen. Falls er keinen Weg zu ihr(er Lust) findet oder im Laufe ihrer Beziehung die Spur verloren hat, lautet die *Frage 3,* die er sich und ihr stellen müsste: »Wie gehe ich nun mit meiner nicht (mehr) an die (eigene) Frau gebrachten Lust um? Wo fließt sie hin? Und wie lebe ich sie? Lebe ich sie überhaupt noch?« Kann Adam sich etwa bei Selbstbefriedigung noch Lust verschaffen, oder ist das eine reine Routine zur Erregungsabfuhr geworden? Bei der Klärung dieses Aspekts wird er auch feststellen, was ihn mehr erregt, Bilder oder physische Praktik. Das könnte schon wertvolle Hinweise für ihr gemeinsames Liebesspiel geben.

Falls deutlich wird, dass auch Adams Lust auf Eva nicht mehr vorhanden ist, könnte er weiterfragen, was bei anderen Frauen – konkret oder in der Fantasie – erregender war. Vielleicht kommt Adam darauf, dass er schon öfter mit seiner Fantasie bei anderen war, selbst als es mit Eva noch gut klappte. Das wäre einerseits eine Erklärung für Evas Lustlosigkeit in Bezug auf ihn, da Eva als sensibles Wesen sich gar nicht mehr von ihm gemeint fühlen konnte. Andererseits könnte er herausfinden, dass er den Reiz des Neuen braucht, der ihn einzig noch auf Touren bringt. Daraus folgt gleich die weitere Frage, warum er dann immer nur auf dieselbe alte Leier setzt, die ihn und Eva längst langweilt?

Falls Adam die Verantwortung auch bei sich findet, kann und muss er das Problem lösen, und alles ist lern- und lösbar. Dazu wäre der erste und wichtigste Schritt wohl ein ehrliches und liebevolles Gespräch mit Eva, um herauszufinden, was ihr fehlt, wonach sie sich sehnt. Wenn Adam – wie bei Männern gar nicht so selten – einfach zu wenig über die Liebe und ihre verschiedenen Ebenen und Dimensionen weiß, gibt es heute in jeder etwas größeren Stadt Tantra-Seminare und -Gruppen, in denen man, auch für beide Geschlechter anfangs getrennt, erste und weitere Schritte lernen kann.

Liegt das Problem aber tatsächlich bei ihr, weil sie nicht mehr auf ihn und seine Art steht, muss sie einen Weg finden, ihm das mitzuteilen, und da sind seine Vorwürfe eine Steilvorlage. Sie könnten ihr den Mut geben, ihm einmal ihre Sicht ganz ehrlich zu schildern. Allerdings wäre es hilfreich, wenn sie nicht gleich mit dem Gegenvorwurf »Du törnst mich ab mit deiner stupiden, immer gleichen Masche!« antwortet, sondern eine günstige Gelegenheit wie etwa einen sinnlichen Film oder den gerade gelesenen Roman nutzt, um ihm ihre Träume von ihm und ihnen beiden zu vermitteln.

Wenn sie in Richtung Burn- oder Bore-out tendiert, was auch an beruflicher Doppelbelastung von Haushalt, Kindern und Arbeit liegen kann und mit ihm nur indirekt zu tun hat, braucht sie kompetente Hilfe. Das wäre, sobald es einmal ausgesprochen ist, konkret lösbar.

Auf der sexuellen Ebene werden die Dinge jedenfalls am klarsten deutlich. So sollte Adam sich als nächstes fragen, wie lustvoll er auf Eva reagiert. Empfindet er noch genügend Lust, um seinen Teil dazu beitragen zu können, dass ihre Vereinigung ein genuss- und lustvolles Erlebnis für beide wird? Wird er noch so richtig fest und feucht, dass es zwischen ihnen beiden richtig rutscht und flutscht? Das wird bei Adam sicher nicht der Fall sein, und hier wird sogleich auch ein grundlegendes kollektives Problem deutlich. Aber Adam wird es kaum als sein Problem oder gar Versagen erleben, sondern häufig auch wieder auf Eva projizieren. Ein gesunder lustvoller Mann steuert selbstverständlich Flüssigkeit zum Liebesspiel bei, er hat dafür auch extra Drüsen. Diese sind aber wegen der verkümmerten Liebeskunst völlig abgemeldet und machen sich erst mit fortschreitendem Alter in Beschwerden wie der Prostatavergrößerung bemerkbar, die fast alle Männer über sechzig trifft (mehr dazu in *Krankheit als Symbol*). Hier wäre dringend Hilfe angezeigt, eigentlich eine Art späte Sexualaufklärung, da die meisten Männer nicht nur über die weibliche Anatomie und Physiologie, sondern auch über die eigene relativ schlecht informiert sind. So ist die Liebeskunst in unserer Gesellschaft auf einen erbärmlichen Stand gesunken. Der ganze Bereich ist geradezu ein Minenfeld für Männer geworden, was zeigt, wie sehr auch kollektive Projektionen die Lösung von Problemen verhindern. Selbst wenn diese Fehlentwicklung der fehlenden Lust schon seit Jahrhunderten auf Frauen projiziert wird, bleibt sie doch genauso deutlich ein Männerproblem wie die Prostatavergrößerung.

Wenn der Geschlechtsverkehr zu einer einseitigen, mechanisch vollzogenen Abfuhr verkommt, ist es völlig verständlich, wenn Frauen dabei die Lust vergeht. Sie sehnen sich mehrheitlich nach Sinnlichkeit, Einfühlung und seelenvollem Sex. So wäre es angebracht, wenn Adam in sich geht und sich ehrlich eingesteht, woran es liegt, dass auch seine Lust im Argen liegt. Macht ihm der sich selbst – und von den Männern kollektiv – auferlegte Erfolgsdruck in Sachen Sexualität vielleicht mehr zu schaffen, als er zugibt? Sehnt er sich nach Evas liebevollem und anerkennendem Umgang mit ihm, um wirklich lustvoll leben und lieben zu können?

Die *Frage 3* nach seiner eigenen Lust auf sich selbst und wie viel Lust (aufs Leben) er überhaupt noch hat, kann Adam weitere wertvolle Information liefern. Häufig wird er hier eher demonstrativ nach Macho-Art reagieren in dem Sinne, dass er auf andere Frauen immer Lust habe und es sich selbst routinemäßig besorge. Doch hier treten die Defizite zutage, wenn es nur noch durch den Reiz des Neuen klappt und seine (Liebes-)Kunst nicht mehr reicht, sobald eine Beziehung entsteht. Besorgt er es sich etwa routinemäßig selbst, weil er ihr überhaupt keine Lust mehr machen kann, weil er diese Kunst einfach nicht be*herr*scht und ihr im alten Sinn des Wortes gar nicht *Herr werden* kann? Dazu müsste er sie erst sinnlich verführen – gern mit Witz und Charme und viel Fantasie und der richtigen romantischen Situation – und dann seinen Mann stehen, und zwar standfest und ausdauernd, bis sie sich ihm ganz ergeben und in einem großen Orgasmus völlig loslassen kann.

Auf jeden Fall sollte sich Adam auch noch auf die Selbstbezugsebene trauen und sich auf die Suche nach seiner eigenen (Lebens-)Lust machen. Er könnte sich fragen, wie groß seine Lust auf sein Leben und das gemeinsame Leben mit Eva noch ist. Wie motiviert ist er auch noch in anderen Bereichen von Sinnenlust? Kann ihn etwa Musik berühren; welches Naturerleben erreicht sein

Herz? Findet er noch Gelegenheiten, über sich und das Leben zu lachen, oder hat er seinen Humor längst verloren? Wenn er dabei ehrlich zu sich ist, kann er möglicherweise erkennen, dass seine und Evas Situation ähnlicher sind, als auf den ersten Blick erkennbar. Möglicherweise bekommen beide im Zuge von Adams Selbsterforschung Lust, sich gemeinsam auf die Suche nach ihrer Sinnenfreude zu begeben.

Heute ist übrigens die umgekehrte Konstellation, bei der die Frau den Vorwurf der Lustlosigkeit auf den Mann projiziert, vor allem in der zweiten Lebenshälfte schon die häufigere Variante. Während Frauen vor Jahrzehnten noch klagten, er wolle immerzu, immer zu schnell und komme lange vor ihr beziehungsweise bringe sie nie dahin, und nachfragten, ob man diesbezüglich nicht ein Beruhigungsmittel verschreiben könne, ist es heute gerade umgekehrt. Frauen reden von Stress und Burn-out-Gefahr bei ihrem Mann, von seiner Überlastung und Erschöpfung – und fragen nach, ob es für ihn nichts zur Anregung gebe.

Wenn Adam beginnt, sich in diese ihm bisher meist unbekannte (Liebes-)Kunst einzufühlen, mag er – selbst im späten Lebensalter – zu einem bezaubernden Liebhaber werden, der Eva durchaus wieder *anmacht,* in des Wortes Doppelsinn. Da käme er schon einer wundervollen Lösung des gemeinsamen Problems sehr viel näher. Über die *4 Seiten der Medaille* gelangt er natürlich genauso sicher zum Ziel neuer gemeinsamer Lebenslust. Mit Hilfe des Tetragramms könnte er sich klarmachen, dass sein

Traum von einer lustvollen Frau, die vor Lebensfreude nur so sprüht und ständig Appetit auf ihn verspürt, durchaus Schattenseiten hat. Dieselbe Frau, die beruflich voll motiviert ist und ihn mit ihrer Lebenslust so begeistert, könnte ihn mit ihrer Getriebenheit, ihrer Zerstreutheit und Unersättlichkeit doch auch frustrieren. Eine Frau, die nur an erotische Abenteuer denkt, würde ihn wahrscheinlich sogar abstoßen und jedenfalls überfordern. Und ihre Lust auf ihn könnte ihn ziemlich herausfordern, vor allem wenn sie dabei nicht nur ihn meint. Mit ihrer Unersättlichkeit würde sie ihn wohl eher in den Wahnsinn treiben und Eifersucht und andere Schattenseiten aus ihm hervorholen. Auch wenn sie immer Interesse für ihn hätte, wäre ihm so viel Lust dann doch zu viel und würde ihn sicherlich überfordern, gleichgültig auf welcher Ebene. Wäre sie immer voller Lebenshunger, käme er sich rasch als der Müde und Schwächere vor.

Andererseits könnte er in der anfangs so beklagten Lustlosigkeit von Eva auch wiederum etwas Gutes finden und die lichte Seite des Schattens entdecken. Keine Lust zu verspüren heißt möglicherweise, satt und zufrieden, völlig entspannt und von nichts mehr getrieben zu sein, aber jederzeit in der Lage, Appetit zu entwickeln nach dem Motto »Kann immer, muss nie«. Es hieße, dass Eva den eigenen Trieben nicht mehr hilflos ausgeliefert ist und sich schon jenseits der Triebhaftigkeit in einem völlig gelassenen Zustand befindet. Damit wäre Eva, die nicht mehr Verführbare, ihm immer sicher und das aus großer

Entspannung heraus. An dieser Stelle öffnet sich sogar das große Ziel vieler spiritueller Wege, die ja mehrheitlich die Abhängigkeit und Auslieferung an Triebe und Gelüste zu überwinden trachten. Übrigens auch die tantrischen, die das Getriebe der Triebe zu überwinden suchen, indem sie tief in die Welt der Sinne einsteigen, während andere es über den Weg versuchen, diese Herausforderungen strikt zu vermeiden. Das große Ziel ist, die aufreizenden Triebe zu überwinden, indem man sich mit ihnen auseinandersetzt und sie durchlebt oder sie auf dem Gegenpol meidet. Letzterer Weg ist der gefährlichere, weil er zum Projizieren verleitet.

∞ Der Weg durchs Tetragramm

Beim Durchlaufen der Lemniskate wird es noch einmal deutlich: Wo die (Lebens-)Lust fehlt folgen Öde und Langeweile. Nichts schmeckt mehr, weder das Essen noch der Partner noch das Leben. Es kehrt eine unfruchtbare Ruhe ein, ein frustrierendes Nichtstun, weil einen nichts mehr an- und erregt, nichts anspricht, alles abtörnt und runterzieht. Es ist generell kein Hunger auf Leben (mehr) vorhanden – weder physischer noch solcher auf Erfahrungen, obwohl noch nichts erlebt und erfahren ist. Die Sinne sprechen nicht mehr an, und so verkommt nicht nur die Sinnlichkeit, auch der Sinnlosigkeit öffnen sich Tür und Tor. Dies ist die typische Situation, die heute mit Bore-out umschrieben wird und schon junge Menschen trifft. Burn-out-Opfer dagegen stecken zwar äußerlich betrachtet in einer ähnlichen Situation von völlig fehlender (Lebens-) Lust, aber sie haben es wenigstens versucht und Erfahrungen gesammelt und sind daran gescheitert.

In beiden Fällen geht es um weit mehr als einen Mangel an Sinnenfreude und Sinnlichkeit im erotischen Sinne. Alle Sinne sind wie abgeschaltet. Wenn aber alles seine Sinnlichkeit und mit ihr auch den Sinn verliert, droht mit der Sinnlosigkeit eine geradezu (lebens)gefährliche Situation. Ohne Liebe und (Sinnen-)Lust lässt sich kaum leben, höchstens kümmerlich überleben. Sinnenfreuden sind also eine Art tägliche Notwendigkeit. Obwohl hierbei auch größte Tabubereiche berührt werden, kommt niemand um sie herum.

Wenn Adam der Lemniskate von links unten nach rechts oben folgt, gelangt er in den konstruktiven Gegenpol. Hier in Feld 2 herrscht Lust auf Leben; man ist voll Lebenshunger. Alle Sinne sind angesprochen und ergänzen einander. Wie und warum das geschieht, muss man nicht im Detail verstehen. Es geht darum, ein harmonisches Umfeld zu schaffen, in dem die Seele aufleben und der Mensch Sinnenfreuden in vollen Zügen genießen kann.

Bei so viel Verlockendem muss es wiederum Schattenaspekte geben, etwa in Form einer manierierten Ästhetik und dem Versuch, Harmonie um jeden Preis zu erreichen, was in Scheinheiligkeit und Notlügen mündet. Das könnte zu einer Sinnentleerung führen, die schon wieder langweilig ist und bei der hinter einer wunderschönen Fassade und Form der Inhalt zu kurz kommt und schließlich ganz fehlt. Hier kann übertriebene Lust in Lüsternheit und Sexsucht münden. Auf dem Weg dorthin wird der Reiz ständig erhöht, weil die »Liebe« nur körperlich ist und der Form dient, aber keinen Inhalt mehr hat. Der geile Lustmolch ist abstoßend, wobei der notorische Verführer, im Sinne des Casanova, schon wieder Charme versprüht und oft gar nicht so schlecht ankommt, weil fast alle Menschen gern umworben und verführt werden, wenn sie ehrlich sind. Doch Genusssucht wird zur anstrengenden und teuren Symptomatik.

Tetragramm: Lustlosigkeit ∞ Lust

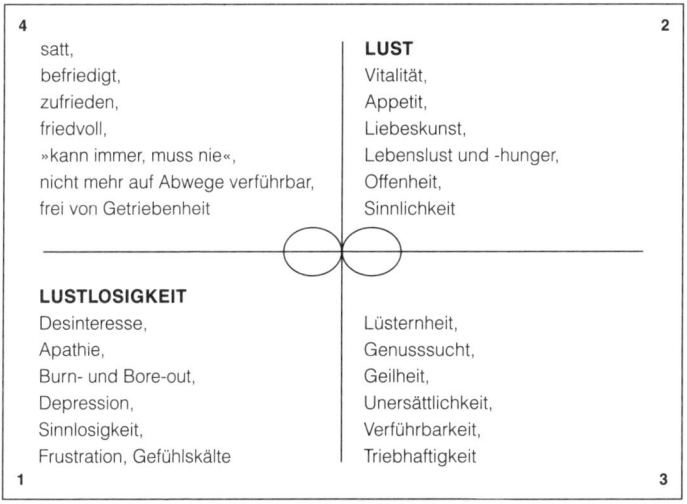

Vom Schattenreich, Feld 3 des Tetragramms, geht es mit ansteigender Diagonale wieder durch die Mitte zur Erlösung dieses Schattenpols und der ganzen Thematik Lust(losigkeit). Hier würde Adam auf Menschen treffen, die ihr Leben durch alle Höhen und Tiefen und mit allen Sinnen gelebt haben. Hier ist man lebenssatt und versöhnt mit dem Leben oder, anders ausgedrückt, man befindet sich in Frieden mit sich und der Welt. Man muss nichts mehr tun, denn alles ist getan, und doch liegen die faule Ruhe und das Nichtstun der Lustlosigkeit weit hinter einem, und zwar ganz am Anfang der Entwicklung, dargestellt im Schattenreich von Feld 1.

Misstrauen, Eifersucht ∞ Vertrauen

Adam zu Eva: »Immer misstraust du mir. Deine Eifersucht nervt.«

Eifersucht hat keinen guten Ruf, obwohl sie in unserer Gesellschaft fast als normal gilt und fast jede(r) Ehrliche zugibt, selbst betroffen zu sein. Besondere Wichtigkeit bekommt dieses Thema, weil es sich zwar am häufigsten als Beziehungskonflikt darstellt mit sexueller Untreue als Auslöser, aber in Wirklichkeit weit darüber hinausgeht. Man kann auch auf andere sinnliche Erfahrungen eifersüchtig sein, etwa auf den Musikgenuss, den einer von beiden mit Künstlerfreunden teilt, auf den sinnlichen Bewegungsgenuss des Bergsteigens oder Ausreitens mit Sportfreunden. Eifersucht kann sich sogar auf das Auto des Partners beziehen, wenn dieser damit die schönsten Freizeitstunden verbringt. Außerdem kann man eifersüchtig sein, weil man keinen Zutritt zu den Gedankenwelten des Partners hat in dem Sinne, dass man ihm weder geistig noch intellektuell zu folgen versteht. Heute können Eifersucht und Misstrauen dadurch ausgelöst werden, dass der Partner viel Zeit im Internet verbringt und virtuellen Kontakten damit oft mehr Zuwendung schenkt als dem Menschen an seiner Seite.

Der Einfachheit halber konzentrieren wir uns bei diesem Fallbeispiel auf das eifersüchtige Misstrauen, das sich auf die Nähe zwischen dem eigenen Partner und einer anderen Person bezieht. Argwohn, Unterstellungen bis zu Verleumdungen kommen einfach stärker ins Spiel, wenn sich Eifersucht gegen andere Menschen als etwa gegen den Computer richtet. Aber die hier getroffenen Aussagen sind jederzeit übertragbar auf alle möglichen Ebenen.

Die naheliegende *Frage 1*, die sich Adam stellen sollte, lautet: »Ist Eva nur auf mich oder auch in Bezug auf sich selbst misstrauisch?« Das mag merkwürdig klingen, denn wie kann Eva auf sich selbst eifersüchtig sein oder sich misstrauen? Bei der klassischen Eifersucht gönnt man dem Partner etwas nicht, zum Beispiel einen Flirt oder gar ein Liebesspiel mit einem anderen. Natürlich kann man sich auch selbst diesbezüglich einiges missgönnen, etwa aus religiösen oder weltanschaulichen Gründen. Wahrscheinlich weiß Adam auf diese erste Frage keine Antwort, vermutet aber, dass Eva sich selbst auch keinen Flirt mit anderen zugesteht, weil sie Adam das nicht erlaubt und sich sonst unehrlich vorkäme. Vielleicht misstraut sie sich und ihren eigenen Gelüsten in dieser Hinsicht selbst. Diese Beobachtung könnte Adam immerhin besänftigen. Die Vermutung geht also dahin, dass Eva selbst Gelüste hätte, diese sich aber nicht gestattet, damit sie ihre Eifersucht ohne allzu schlechtes Gewissen äußern und ausleben kann. Diese für beide ungute Situation lässt sich auf der Ebene des Vorwurfs nicht lösen.

Möglicherweise gönnt sich Eva im Alltag aber doch einiges an Flirtverhalten und ist nur bei Adam so misstrauisch mit dem Argument, sie selbst könne sich vertrauen und kenne ihre Grenzen, nur Adam sei nicht zu trauen. In diesem Fall liegt noch mehr Sprengstoff in der Situation, und daran scheitern nicht wenige Beziehungen. Adam wird dann in aller Regel noch geladener, aggresiver und ärgerlicher auf Eva reagieren. Wiederum gibt es auf dieser Ebene der Vorwürfe keine Lösungschance.

So wäre gemäß *Frage 2* zu prüfen, ob Adam auch auf Eva eifersüchtig ist und sie vielleicht sogar misstrauisch überwacht. Wenn er das vor sich selbst zugeben muss, besteht umso mehr Anlass, das Thema tiefgehend und auch gemeinsam zu bearbeiten. Um zu dieser Erkenntnis zu gelangen, kann wieder ein Ausflug in die seelische Bilderwelt hilfreich sein, indem man sich die entsprechende Situation vorstellt und dabei auf seine Empfindungen achtet.

Adams ehrliche Antwort könnte aber auch lauten: »Natürlich möchte ich sie nicht an jemand anders verlieren. Aber so misstrauisch und eifersüchtig wie Eva bin ich nicht.« Also gäbe es sehr wohl Situationen, in denen er Eifersuchtsgefühle entwickeln würde; wenn Eva ihre Eifersucht äußert, findet er es allerdings sehr übertrieben, und wie sie es tut, mag er auch nicht. Dieses Eingeständnis ist bereits erleichternd, weil es Adam zeigt, dass er selbst vom Thema betroffen ist und Eva lediglich mehr Angst hat als er, den geliebten Partner zu verlieren. Das könnte heißen, dass sie ihn noch notwendiger braucht als er sie. Manche Leute würden das auch so interpretieren, sie liebe ihn mehr als er sie. Jedenfalls sitzen sie beide im selben Boot, nur das Ausmaß ihrer Betroffenheit unterscheidet sich graduell. Diese Erkenntnis kann bereits zu einer gewissen Entspannung und Aussöhnung beitragen.

Danach sollte wieder die Selbsterforschung in den Vordergrund gestellt werden, indem Adam sich mit *Frage 3* beschäftigt, und sie lautet im aktuellen Fall: »Wie misstrauisch und eifersüchtig bin ich in Bezug auf mich selbst? Was alles missgönne ich mir, um Eva als eifersüchtig bezeichnen zu können, ohne dasselbe bei mir erkennen zu müssen?« Hier bietet sich eine Reise in die Seelen-Bilder-Welt an, um auf diese Frage spontane, ehrliche und hilfreiche Antworten zu erhalten.

Interessant ist in diesem Zusammenhang auch jene wissenschaftliche Studie, die ergab, dass der durchschnittliche deutsche Mann über zweihundert Mal am Tag an Sex denke, nur kaum je mit seiner eigenen Frau. Evas Eifersucht erinnert Adam womöglich an seine eigene Unterdrückungsstrategie, für die er eigentlich gelobt werden möchte, statt mit (obendrein falschen) Verdächtigungen, Argwohn und Misstrauen überzogen zu werden. In der tiefen Entspannung der inneren Seelen-Bilder-Welt kann Adam sich vielleicht eingestehen, dass bei genauerer Betrachtung Evas Verdächtigungen gar nicht so falsch sind, sondern sie lediglich hinsichtlich der konkreten Umstände danebenliegt. Ist Evas Misstrauen am Ende womöglich doch gerechtfertigt?

Vielleicht spürt Eva, was sich in Adams Unbewusstem tagtäglich abspielt. Für Adam ist es eine gute Übung, seine eigenen ungelebten und ständig abgeklemmten Gelüste kennenzulernen, und er wird tatsächlich genug finden, was Eva eifersüchtig machen könnte. Wenn Adam sich seine eigene Situation bewusst macht, dürfte es einiges an Wut von Eva abziehen und vielleicht auf ihn selbst lenken oder einfach auflösen. Adam und Eva teilen ein Thema, und letztlich ist Eva, die ständig ihre offensichtlich begründete Angst in ihrem Misstrauen ausdrückt, sogar ehrlicher als Adam.

Was ist nun die Lösung für diese so häufige und emotional so sehr geladene Situation – die im Übrigen umgekehrt genauso oft vorkommt mit dem Mann in der anklagenden Position? Adam und Eva können zum einen beide fortfahren, ihre natürlichen, aber den kulturellen wie religiösen Abmachungen zuwiderlaufenden erotisch-sexuellen Bedürfnisse zu unterdrücken und sich dafür loben und anerkennen. Zum anderen könnten sie diese Bedürfnisse – auf die öffentliche Moral und bestehende Wertvorstellungen pfeifend – vielleicht sogar gemeinsam ausleben und feststellen, dass ihre Beziehung das nicht nur übersteht, sondern daran reift und sich vertieft. Hierbei wären allerdings einige gemeinsame Entwicklungsschritte gefordert und die Konfrontation alter Ängste.

Schließlich gäbe es noch einen dritten Lösungsweg. Sie könnten sich gegenseitig all ihre Bedürfnisse, allerdings vorsichtig und behutsam, in den Räumen der inneren Bilder und Fantasien eingestehen und dort auch – am besten sogar gemeinsam – ausleben. Dabei ließe sich wahrscheinlich sogar feststellen, dass alles, was bisher große Angst gemacht hat, nun (Lebens-)Lust bereitet. Wenn sie etappenweise vorgehen und immer nur einer von beiden einen kleinen Schritt voraus macht, bevor der andere nachzieht, lassen sich problemlos die erstaunlichsten Erlebnisräume erschließen.

Es gäbe darüber hinaus eine weitere Ebene echter Treue bei *ausgesprochener* Ehrlichkeit, sozusagen die Überhöhung der in unserer bürgerlichen Gesellschaft und Kultur gelobten sexuellen Treue. Letztere gründet, wie gesehen, in aller Regel auf Bedürfnisunterdrückung und beiderseitiger Unehrlichkeit, was die Gedanken- und Fantasiewelten angeht. Würden Adam und Eva es schaffen, sich sinnlich-erotisch gegenseitig auf einem Niveau zu begegnen und zu befriedigen, das mit anderen Bekanntschaften oder Sexualkontakten kaum erreichbar wäre, ließe sich Treue auf einer anderen ehrlichen Ebene verwirklichen. Das ist – etwa durch ein bewusstes tantrisches Leben voller wundervoller Rituale der Liebeslust – gar nicht so unerreichbar, wie es für viele Ohren klingt.

In dieser Situation wird die Lust, sich mit anderen einzulassen, deutlich sinken, weil die eigenen Erfahrungen so einzigartig sind und zu erwartende Seitensprünge dem nicht das Wasser (des Lebens) reichen könnten. Auch die Faszination des Neuen und selbst Neugier kämen dagegen nicht an. Treue ist damit weder Verzicht noch etwas, das eingefordert werden müsste. Sie kann als Geschenk erlebt werden, das nicht zwingend ist, aber gern gegeben und angenommen wird. Auch wenn dies sehr anspruchsvoll erscheint, ist es doch die bei Weitem bessere Lösung. Dieser Weg wird viel Achtsamkeit, Aufmerksamkeit und Zeit erfordern, sich aber qualitativ weit von dem normalen Unterdrückungsmuster abheben. Eine Bewältigung auf dieser schwierigsten Ebene bietet zudem die Chance, andere Ebenen von Misstrauen und Argwohn gleich mit zu (er)lösen.

Wieder folgt das Vorgehen demselben Schema der Rücknahme der Projektion. Statt Eva weiter eifersüchtiges Verhalten vorzuwerfen, beginnt Adam, von sich selbst auszugehen, und bei näherer Betrachtung der eigenen Situation wird ihm klar, dass er von Eva eine Freiheit fordert, die er ihr im Gegenzug nicht zugestehen könnte. Seine Übung in ehrlicher Selbstbetrachtung nimmt ihm also schon einmal die Lust an Vorwürfen und Schuldzuweisungen. Wenn er sich seine Bedürfnisse ehrlich eingesteht, sollte er auch Eva ihre Bedürfnisse zubilligen und erkennen, dass Eva lediglich etwas mehr Angst hat als er.

Diese Offenheit wird ihr beider Leben erleichtern und Eva auch ermöglichen, sich ihre tiefsten Ängste einzugestehen. Dann können sie sich gemeinsam entscheiden, ob sie aus diesen ähnlich vorhandenen und empfundenen Ängsten sich weiter misstrauisch aneinanderklammern wollen und sich alles andere an Zuwendung, das außerhalb ihrer Zweisamkeit liegt, verbieten oder es sich Schritt für Schritt etwa in Fantasien eingestehen oder irgendwann sogar konkret erlauben. Und schließlich bietet sich sogar die Aussicht auf Verwirklichung einer einzigartigen Sinnlichkeit und Verbundenheit, die jene Treue auf allen Ebenen selbstverständlich und leicht macht. Dazu wäre jedoch ein anspruchsvoller gemeinsamer Weg vonnöten. Vorerst lassen sich im Tetragramm aber schon einmal neben dem hässlichen Misstrauen und der ständig brodelnden Eifersucht auch deren andere drei Seiten finden. Das ist der direktere und raschere Weg der Bewusstmachung und Aufgabenformulierung, der erst einmal gar keine Großtaten der Entwicklung und Selbstüberwindung (er)fordert, auch wenn es natürlich wieder auf den beschriebenen Entwicklungsprozess hinausläuft.

Zunächst sollte geklärt werden, ob Adam Eifersucht überhaupt durchgängig – wie Misstrauen und Argwohn – als destruktiv empfindet und nicht vielleicht doch als gar nicht so schlimm oder sogar als beziehungserhaltend. Letzteres könnten Rationalisierungen sein, um sich eigene Defizite nicht eingestehen zu müssen. Wenn Adam die Eifersucht jedoch als destruktiv einstuft, gehört sie natürlich in das Stressfeld 1 des Tetragramms. Immerhin würde Adam mit dieser Einschätzung auch der heiligen Hildegard von Bingen folgen, die unter den 35 Süchten, wie sie die Krankheitsbilder nannte, die Hab- und die Eifersucht als die schlimmsten erkannte und für deren Überwindung auf spirituellem Weg plädierte. Damit liegt hier für Adam sowie für Eva das größte Entwicklungspotenzial, aber es wartet auf sie auch der anstrengendste und umfassendste Weg, wenn wirklich alle Ebenen, die Misstrauen und damit auch Eifersucht umfassen können, einbezogen werden. Wie viele Männer werden eifersüchtig, wenn ihre Frau ganz in der Sorge für die eigenen Kinder aufgeht und so ein kleiner Prinz plötzlich und ganz selbstverständlich den ersten Platz an genau jener Brust einnimmt, die ihm so wichtig war und ist. Allerdings lässt sich auf den hier nicht so intensiv beleuchteten Ebenen viel leichter üben. Wenn Eva in ihren Chorabenden aufgeht und davon schwärmt, wie sehr sie sich mit den anderen beim Singen verbunden fühlt und wie der Zauber der Musik sie gemeinsam erfasst, kann der – möglicherweise ziemlich unmusikalische – Adam schon einmal Vertrauen üben. Und wenn Adam dem Tanzen nichts abgewinnt, Eva es aber liebt und in fremden Armen übers Parkett schwebt, könnte sein Vertrauen noch weiter gefordert sein, vor allem auch sein Selbstvertrauen. Vielleicht aber animiert es ihn zu einem gemeinsamen Tanzkurs oder erst einmal zu einem eigenen Übungsvorlauf für sich selbst. Dabei kann er lernen, fremde Damen in den Grundschrittarten zu bewegen und zu führen, ohne sie gleich zu verführen. Mit der Zeit mag er es aber vielleicht sogar wagen, sie tänzerisch dazu zu verführen, sich in seinen Armen ganz der in Bewegung umgesetzten Musik hinzugeben. Idealerweise wird das (Lebens-)Freude und Lebenslust in ihm auslösen, sodass er Eva besser verstehen kann. An diesem Beispiel dürfte klar werden, dass die anderen Ebenen eines Konfliktthemas stets gute Übungsfelder sind.

Misstrauen und Eifersucht zielen letztlich auf den Besitz der Seele des anderen – im destruktiven Sinne von Missbrauch, im konstruktiven von völligem Verschmelzen und Einswerden. Beflügeln könnte hier der Gedanke der Antike, dass Voluptas, die Wollust, ein Kind des Himmels ist, gezeugt vom Liebesgott Eros mit Psyche, der Seele, die Befreiung gefunden und zu ihm in den Himmel aufgestiegen ist. Wollust erscheint hier als göttliches Wesen, geboren aus der Vereinigung der in Liebe aufgegangenen Menschenseele mit dem Liebesgott, der wiederum ein Kind von Venus und Mars ist. Und den Mut von Letzterem brauchen Adam und Eva dann auch.

Adam könnte in der ihm lästigen Überwachung durch Eva, die beide im Schattenloch von Feld 1 des Tetragramms hält, auch schon erkennen, dass sich darüber in Feld 4 der Himmel der Erlösung in vertrauensvoller Achtsamkeit auftut. Erkennbar wird, dass Überwachung die destruktive Ebene jener Achtsamkeit und Aufmerksamkeit ist, mit der einer für den anderen sorgt und dessen Bestes will sowie Vorsicht walten lässt, um alle Beteiligten zu schützen.

Misstrauen, Argwohn und Pessimismus finden ihre Lichtseite (Feld 2) unter anderem in Vertrauen, Zuversicht, Optimismus und Liberalität sowie im Glauben an die gemeinsame Beziehung. Die Lichtseite verlangt von beiden auch enorm viel an Achtsamkeit – das hat sich Adam inzwischen klargemacht. Nur so können großes Vertrauen und entsprechender Optimismus sowie Zuversicht und vor allem Selbstvertrauen wachsen. Sie sind Voraussetzung für eine Liberalität, die beiden gleichermaßen gerecht wird.

Und der Blick in das Schattenfeld 3 des Tetragramms kann Adam auch wieder die Kehrseite blinden Vertrauens offenbaren in Form grenzenloser Naivität, geradezu dummer Leichtgläubigkeit, die zu Vertrauensbruch und Missbrauch der Situation, ja Ausnutzen der Liberalität geradezu einlädt. Und wenn Adam sich fragt, ob er solch eine einfältige und naive, ins Dümmliche tendierende Eva möchte, wird ihm hier der Schatten seiner Wünsche und Ansprüche wahrscheinlich besonders deutlich. Andererseits könnte von Evas Seite auch Gleichgültigkeit bis zur Wurstigkeit im unerlösten Sinn daraus werden, die Liberalität so versteht, sich einfach alles (von ihm) gefallen zu lassen, wie sehr sie auch darunter leidet, bis alles Mitfühlen verschwindet und sie nur noch gleichgültig reagiert oder auch das nicht einmal mehr.

∞ Der Weg durchs Tetragramm

Ausgangspunkt ist das Schattenreich von Feld 1, voll von Misstrauen, Argwohn, Pessimismus, wobei es wichtig für

Adam ist, der sich als Opfer fühlt, sich klarzumachen, wie nah er hier Evas Ängsten selbst kommt. Hier wird das Schlechteste erwartet und das Schlimmste befürchtet, weil man dieses Negative bei sich selbst ahnt, aber verdrängt hat. Verdächtigung bis hin zur Verleumdung findet hier Nahrung. Der andere scheint so schuldig zu sein, wie man es nie sein möchte, aber insgeheim natürlich von sich spürt. Wer das Ärgste von sich dunkel ahnt und wem das Schlimmste von sich schwant, der wird beides mit Hingabe auf die Außenwelt projizieren. So erlebt Adam seine eigene Eifersucht an Eva.

Das Misstrauen kann bis hin zu bösen Unterstellungen reichen, die vom Betroffenen natürlich abgewehrt werden, was ihm aber nichts nützt und den misstrauischen Partner eher noch mehr provoziert. Wenn beim argwöhnischen Eifersüchtigen viel neurotische Energie hinzukommt, eskaliert der Konflikt bis hin zu manipulativem Verhalten. Das alles muss nicht nur auf eine Liebesbeziehung zutreffen, in der einer dem anderen misstraut und ihn der Untreue bezichtigt, sondern kann auch im Berufsleben geschehen, wenn sich Geschäftspartner streiten. In jedem nur denkbaren Lebensbereich können sich Misstrauen und Argwohn austoben. Aus ersten Verdächtigungen werden oft heftige Anschuldigungen, und um diese zu beweisen – vor sich und der Welt – wird versucht, alles passend hinzudrehen, was sogar bis zu krimineller Manipulation führen kann.

Die Manipulation könnte auch unbewusst geschehen. Dahinter verbergen sich natürlich (Selbst-)Zweifel und mangelndes Selbstvertrauen, die den Boden bereiten für die Zweifel an anderen, an ihrer Integrität und Verlässlichkeit. Man traut sich selbst nichts Gutes zu und den anderen alles Schlechte, das man unbewusst im eigenen Schatten wähnt und fürchtet. Hier sind Adam und Eva ähnlich betroffen und können einander bestens als Spiegel eigener Probleme dienen.

Wie wundervoll, mit der Lemniskate durch die Mitte nach rechts oben zu wechseln ins Himmelreich des Vertrauens, des Glaubens an das Gute im anderen, in sich und in allem. Hier in Feld 2 ersetzt Optimismus den Pessimismus des Schattenreiches; hier gedeiht Zuversicht, kann der Glaube beflügeln und die Welt verändern. Man traut anderen einiges zu, aber nicht mehr im Destruktiven, sondern im Sinne ihrer Entwicklungsmöglichkeiten und der Verwirklichung ihres Potenzials. Hier herrscht entspannte Liberalität, die andere sein lassen kann und ihnen ihren Raum und ihr Lebensrecht zugesteht, so wie man es für sich selbstverständlich in Anspruch nimmt. Aber all das verlangt natürlich grundsolides Selbst-Vertrauen, ja eigentlich jenes Urvertrauen, das man im Idealfall ins Leben mitbringt. Falls das nicht vorhanden ist, droht eher Unbedarftheit, wobei Arglosigkeit zwar etwas Schönes und Reizvolles haben kann, aber auch schon die Tendenz zum Schattenfeld 3 zeigt.

Naivität wäre der »Schatten im Gold« (Feld 3). Die Gestalt des Gretchens, das Faust blind vertraut und sich von ihm ins Unglück stürzen lässt, ist dafür ein anschauliches Beispiel. Auch Leichtgläubigkeit ist in diesem Feld angesiedelt, bei der man auf alles hereinfällt, stets nur das Gute zu sehen gewillt ist und mit großer Blindheit geschlagen ist für den Schatten der anderen und sehr wahrscheinlich auch den eigenen. Auf diese Weise wird man meist den Kürzeren ziehen und läuft Gefahr, ausgenützt oder gar missbraucht zu werden und stets in die Opferrolle zu rutschen.

Tetragramm: Misstrauen ∞ Vertrauen

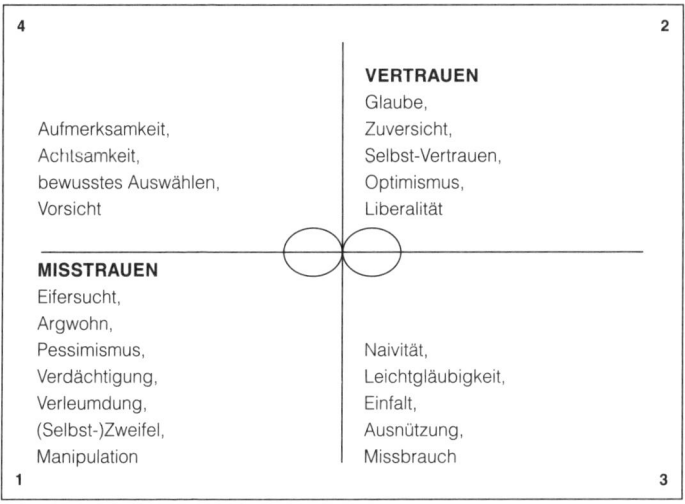

Aus diesen Schattenniederungen gilt es jetzt, im wahrsten Sinne des Wortes, die Kurve zu kriegen und über die Mitte dem lichten Gegenpol von Feld 4 zuzustreben. Der Einfältigkeit und Gutgläubigkeit von Feld 3 stehen hier Achtsamkeit und Aufmerksamkeit gegenüber, die gleichzeitig die erlöste, konstruktive Form des Misstrauens allen Anfangs darstellen: Sie sind das »Gold im Schatten«. Wie gesagt ist Feld 4 stets der natürliche Gegenpol von Feld 3 und die Erlösung von Feld 1.

Im Feld 4 finden sich die förderlichen Qualitäten, allem Aufmerksamkeit entgegenzubringen und dem Leben in seinen verschiedenen Aspekten mit Achtsamkeit zu begegnen. Dieser Haltung entspringen weise Voraussicht und Vorsicht. Sie helfen, aus der Fülle der Möglichkeiten bewusst jene auszuwählen, die das Leben in einem ganzheitlichen Sinn fördern.

Maßlosigkeit ∞ Bescheidenheit

Eva an Adam: »Du kennst einfach kein Maß.«

Eva kann Adam bei jeder Gelegenheit Maßlosigkeit vorwerfen, aber sicher wird er sich dadurch nicht ändern, sondern nur unverstanden fühlen. Wenn Adam übertreibt und den Mund zu voll nimmt, zeigt es, wie wenig er von Selbstzweifeln geplagt wird. Vielmehr legt er ein übertriebenes Selbstbewusstsein an den Tag. Eva ist schon aus diesem Grund gut beraten, die Ebene der Vorwürfe zu verlassen und sich gleich auf die nächste Ebene zu begeben mit *Frage 1*, ob Adam auf sich selbst bezogen ebenfalls so maßlose Größenvorstellungen hegt. Unter Umständen wird sie herausfinden, dass er von seinen Ideen gar nicht so überzeugt ist und sich selbst durchaus realistischer einschätzt.

Dann wäre er eher ein Angeber und Hochstapler, das heißt einer, der mehr scheinen will, als er ist. Möglicherweise wird sie aber feststellen, dass Adam weit mehr von seinen Größenideen durchdrungen ist, als er andere daran teilhaben lässt. Doch ob Adam nun ein Angeber ist oder wirklich von Grund auf maßlos – Adams Verhalten wirkt auf Eva provozierend und herausfordernd, und so wird es auch mit ihr zu tun haben, schließlich hat sie ihn als Partner gewählt oder sich von ihm wählen lassen. Selbst wenn sie sich bescheiden und anspruchslos gibt, muss in ihr eine entsprechende Resonanz bestehen. Sich einen maßlosen Partner zu wählen hat immer auch etwas Maßloses.

Eva sollte also überlegen, inwieweit sie Adam ihrerseits mit Größenfantasien begegnet *(Frage 2)*. Wahrscheinlich wird Eva auf dem Gegenteil beharren und auf dem Versuch, ihn mäßigen zu wollen. Vielleicht hat sie Adam, wenn nicht wegen seiner maßlosen Selbstdarstellung, so doch auch wegen seines gewinnenden Eindrucks gewählt, den er damals auf sie gemacht hat, und irgendwie muss er ja großartig gewesen sein. Es wäre ein Hinweis auf Evas geheime Sehnsucht nach einer gewissen Großzügigkeit.

Bestenfalls nimmt Eva diese Überlegungen als Ansporn, tiefer in die Problematik einzusteigen und auf die Suche nach eigener Maßlosigkeit zu gehen *(Frage 3)*. Und damit ist sie schon ganz unabhängig von Adam auf der Ebene der Auseinandersetzung mit ihren eigenen Größenfantasien und ihrer Maßlosigkeit oder jedenfalls ihrer Sehnsucht danach. Sicher wird Eva dabei ganz anders fündig, als wenn sie auf der Ebene verharrt, auf der sich alles nur darum dreht, was sie bei Adam so stört. Möglicherweise nennt sie die ähnlichen Phänomene bei sich auch nur ganz anders, also nicht Maßlosigkeit oder gar Größenwahn, sondern spricht von kühnen Träumen, großen Plänen oder Visionen. Vor allem wenn Adam auf materieller Ebene maßlos ist – und sich ein Auto nach dem anderen kauft, immer den teuersten Wein wählt oder sich stets das brandaktuelle Smartphone genehmigt – und Eva ihre Maßlosigkeit eher in spiritueller Richtung lebt, wird es für sie möglicherweise schwierig, die Parallelen zu sehen und ihren Bezug zum selben Prinzip zu verstehen. Aber ein Meditationsseminar nach dem anderen kann auch eine gewisse Maßlosigkeit ausdrücken, obwohl Eva mit einem gewissen Recht spirituelle Entwicklung weit über Autoleidenschaft und sinnloses Konsumverhalten stellt. Aber ein rechtes Maß gibt es natürlich in jeder Hinsicht, und um hier zu differenzieren, sind Kenntnisse der *Lebensprinzipien* (siehe Literaturverzeichnis) sehr hilfreich.

Evas Maßlosigkeit ist nicht so vordergründig wie bei Adam und gehört vielleicht in eine frühere idealistische Phase, auf die fast alle Jugendlichen zurückblicken können. Dann wäre es möglich, dass Adams Größenfantasien sie an ihre eigenen alten Träume erinnern, die sie längst verraten und vergessen hat und an die sie lieber nicht erinnert werden will aus Angst, sie könnten wieder aufblühen. In diesem Fall würde sie den gegen sich selbst gerichteten Unmut auf Adam projizieren. Sobald sie das aber erkennt und wieder Kontakt zu ihren frühen Visionen und Fantasien herstellt und sich an deren Verwirklichung macht, könnte sie ihre Projektion zurücknehmen und ihre Beziehung entlasten.

Mit Hilfe der Methode der inneren Bilder und des ersten aufsteigenden Gedankens kann sie diese eigenen Größenideen aufspüren und darüber sogar erfreut staunen. Sicher werden dadurch die eigenen großartigen Wunschträume wieder lebendig – die ähnlich maßlos sind wie jetzt Adams Ideen, die er aber zu verwirklichen pflegt und damit Eva zu Vorwürfen reizt. Möglicherweise taucht auch die Zeit vom Anfang ihrer Beziehung auf, als sie Adams großartige Visionen und Ideen geschätzt, vielleicht sogar bewundert und (mit) an sie geglaubt hat.

Wenn Eva sich ihren eigenen hochfliegenden Träumen wieder angenähert und sogar mit ihnen ausgesöhnt hat, dürfte sie eine Möglichkeit finden, wie sie Adam von ihren Träumen und ihrem Umgang damit erzählen und sich Adam so erneut annähern könnte. Es wäre sogar für Eva eine Chance, Energien in ihre Träume zu leiten und deren Verwirklichung neuerlich oder auch erstmals konkret ins Auge zu fassen und vielleicht sogar mit Adams Hilfe in Angriff zu nehmen. Jedenfalls wird Eva klar, dass es nicht guttut, eigene Träume zu vernachlässigen oder zu vergessen. Vielleicht macht es Eva nun sogar mehr Spaß, gemeinsam mit Adam von der Verwirklichung ihrer Fantasien zu träumen, als ständig an ihm herumzunörgeln. Jetzt mag Eva erkennen, dass Adams Maßlosigkeit damit zu tun hat, dass er so viel will wie sie eigentlich auch. So könnte sie sich wieder auf der Ebene der Seelen-Bilder vorstellen und richtig ausmalen, wie es wäre, diesen großen Fantasien gemeinsam nachzuhängen. Und ein afrikanisches Sprichwort könnte sie inspirieren: »Wenn einer träumt, ist es ein Traum; wenn viele träumen, entsteht eine neue Wirklichkeit.« Vielleicht kann das auch Adam helfen, wenigstens einige Aspekte dieser großartigen Träume zu verwirklichen, was ihm eindeutig mehr Zufriedenheit schenken würde und wiederum seiner Beziehung zu Eva zugutekäme.

Anders formuliert und gewendet könnte Eva an Adam den Vorwurf richten, zu wenig Bescheidenheit an den Tag zu legen, und ihn bitten, lieber mal sein Licht unter den Scheffel zu stellen, als so großspurig aufzutreten und zu protzen. Aber dieses Ansinnen wird an Adam abprallen, wenn er fest an sich und seine Großartigkeit glaubt. Eva kann also gleich wieder *Frage 1* stellen, ob Adam sich selbst gegenüber auch zu wenig bescheiden ist, und wird das sicher bestätigt finden. Es ist also mehr sein als ihr Problem. Wahrscheinlich hat er in Wirklichkeit sogar noch maßlosere Vorstellungen und Träume, und die von ihr geforderte Bescheidenheit, Selbstgenügsamkeit, Zurückhaltung und Demut werden auf diesem Weg der Ermahnung und des Vorwurfs eher nicht entstehen.

Ob Eva ihm mit zu wenig Bescheidenheit und Zurückhaltung begegnet, ist als Nächstes zu klären *(Frage 2)*. Hier wird Eva selbstkritisch feststellen, dass es schwer ist, jemanden, der so großsprecherisch auftritt und maßlos agiert, mit Demut gewähren zu lassen. Bereits ihr Anspruch, Adam möge sich ihren Vorstellungen von Bescheidenheit und Zurückhaltung anpassen, ist eigentlich unbescheiden, gemessen an seiner ganz anderen Art. Außerdem bieten ihre schon zuvor entdeckten eigenen großen Träume, Wünsche und Visionen Eva genug Anschauungsmaterial, dass sie selbst sich keineswegs einschränken und mit wenig bescheiden will.

Die *Frage 3* bringt sie dazu, sich zu prüfen, inwieweit sie es sich selbst gegenüber an Bescheidenheit mangeln lässt. Als sie Adam wählte, war sie sicher (zu) wenig bescheiden, hat sie doch seinen Größenwahn jedenfalls mit gewählt. Nun kann ihr wieder die Seelen-Bilder-Welt helfen zu erspüren, wo ihr Mangel an Bescheidenheit liegt.

Um Bescheidenheit und Demut zu üben, gibt es eine Fülle an Übungen aus dem spirituellen Bereich. Besonders der Buddhismus hat diesbezüglich viel zu bieten mit seiner Tradition der umherziehenden, um Gaben bittenden Mönche und Nonnen. Wenn Eva solche Anregungen mit dem Gedanken des Rituals verbindet, findet sie genügend Exerzitien der Bescheidenheit, die sie verändern werden und ihr sogar Freude machen können, indem sie erlebt, wie gut sich mit wenig auskommen lässt. Das kann von bescheidenen und sogar reduzierten Mahlzeiten bis zu bewussten Fastenzeiten reichen oder zu Übungen des achtsamen Konsumverzichts und Exerzitien der Einfachheit und einer gewissen Askese, die ja vor allem »Kunst des (einfachen)

Lebens« meint. Dies wird sie seelisch unabhängiger von Adams Präsentationen des Gegenteils machen und Adam zumindest in positives Erstaunen versetzen. Wenn sie Adam dann genauso mit Bescheidenheit begegnet, wird es ihn zusätzlich beeindrucken und damit Eva helfen, ihre neue Haltung zu festigen. Ob Adam sich deswegen ebenfalls in dieser Weise auf Bescheidenheit einlässt – also wenigstens auf meditativen oder rituellen Ebenen –, hängt von Evas Überzeugungskraft und auch der Geschicklichkeit ihrer Vermittlung ab.

Der Weg durchs Tetragramm wird sie einer Lösung noch viel rascher näherbringen und die schon besprochenen Schritte unterstützen, denn eine Auseinandersetzung mit Feld 3 und 4 nimmt Vorwürfen und Vorhaltungen allen Wind aus den Segeln. Außerdem bergen selbst die beeindruckendsten Rituale immer noch eine erhebliche Gefahr vonseiten des eigenen Ego, wenn sie ohne wirkliches Verständnis durchgeführt werden. Wenn Eva sich beispielsweise bei Ritualen der Bescheidenheit großartig überlegen fühlt, ist das Ergebnis schlecht und wird weder der Beziehung noch der Eigenentwicklung helfen.

Maßlosigkeit bis zum Größenwahn ist natürlich auf den ersten Blick etwas Negatives, aber große Visionen und großartige Ideen haben etwas Wundervolles. Sicher würde Eva – wie übrigens jeder Mensch – gern zur eigenen wahren Größe finden und das auch Adam gönnen und am liebsten mit ihm gemeinsam dorthin wachsen. Schließlich ist Adam auch großzügig, fast verschwenderisch im

Umgang mit allem, und das ist ihr sicher lieber als ein geiziger Partner – um gleich einen negativen Aspekt der Bescheidenheit ins Spiel zu bringen.

Bescheidenheit ist sprichwörtlich eine Zier, aber sein Licht immer nur unter den Scheffel zu stellen führt auch zu Misserfolgen – jedenfalls in der heutigen Zeit, die diese alten Tugenden gar nicht mehr so hoch schätzt. Mit stiller Zurückhaltung kommt man zumindest im Berufsleben nicht weit; es wird eher das Gegenteil belohnt. Nicht die Qualität der Ideen steht im Vordergrund, sondern die Art ihrer Präsentation. Wäre es Eva – wenn sie ganz ehrlich ist – denn überhaupt recht, wenn Adam ganz genügsam, aber auch scheu und zurückgenommen, geradezu verklemmt lebte und sich nichts zutrauen und nie den Mund aufmachen würde?

Empfehlenswert wäre für beide, sich mit den verschiedenen Ausprägungen von destruktivem Größenwahn bis hin zur Verwirklichung wahrer Größe zu beschäftigen, sich entsprechend einzuordnen und die nächsten Schritte anzugehen und auch herauszufinden, dass auf den Gegenpol der Bescheidenheit durchaus so scheußliche Schattenseiten wie Geiz gehören. Insgesamt bringt die Arbeit mit dem Tetragramm sofortige Entlastung in der vertrackten Falle des »Ich bin völlig im Recht, und du liegst vollkommen daneben«. Denn es zeigt sich rasch, wo die Schattenseite der eigenen Position und die Lichtseite des am anderen erkannten Schattens liegen. Das bringt die beiden Kontrahenten einander sofort wieder nahe.

∞ Der Weg durchs Tetragramm

Maßlosigkeit ist heute ein kollektives Problem. Der Umgang mit Energie ist so maßlos wie die Vergehen gegen das Ökosystem Erde. Der Konsum ist maßlos und erzeugt auf dem Gegenpol maßloses Elend in der Welt. Die Ankündigungen der Werbung sind so großsprecherisch wie die der Politiker, dabei eskalieren die Schulden, die sie in ihrer Maßlosigkeit machen, zusammen mit den Problemen, die sie nicht bewältigen. Vor allem werden die eigentlichen Herren der Welt in den weltweit agierenden Konzernen immer anmaßender in ihren Forderungen, die sie über Lobbyismus durchzusetzen verstehen. Wirtschaftsbosse und Politiker sind in ihrer Maßlosigkeit und Unersättlichkeit ein scheußlicher Spiegel für den Einzelnen. Menschen können sich offensichtlich gar nicht oder nur schlecht beherrschen.

Auf Körperebene verlieren Zellen das rechte Maß und fangen im Krebsgeschehen an zu wuchern, wohingegen seelisches und Bewusstseinswachstum eher auf der (Lebens-)Strecke bleiben. Die Ernährungsmengen sind längst maßlos und führen zu einem Überfluss an Körperfett, was nicht nur unästhetisch ist, sondern auch krank macht. Unbeherrschte Verschwendungssucht, anmaßende Unersättlichkeit, übertriebene Versprechungen – wo führt das hin? Im Tetragramm auf den Spuren der Lemniskate diagonal und durch die Mitte von Feld 1 zu Feld 2 in den so viel ansprechenderen sympathischeren Gegenpol von Bescheidenheit, demütiger Zurückhaltung,

(Selbst-)Genügsamkeit, Einfachheit, bewusster Entsagung bis hin zu der Erkenntnis »Weniger ist mehr«. Diese Eigenschaften und Tugenden werden schon lange vertreten, sogar angepriesen und geradezu gepredigt, bieten aber offenbar wenig Überzeugendes für moderne Menschen. Es läuft kollektiv weiter in Richtung des Schattenpols von Feld 1, der fast nur abgelehnt wird oder an dem man sich aufreibt, während der Lichtpol von Feld 2 zwar grundsätzlich Zustimmung, aber keinen echten Zuspruch erfährt. Warum ist das so? Natürlich müsste jeder bei sich selbst beginnen, und da liegt das Problem. Auch Eva müsste den Schatten in seinem ganzen Ausmaß sehen lernen, um Fortschritte zu erreichen. Der Schatten wird dann zum Schatz und Helfer, aus der Polarisierung herauszufinden und den Konflikt mit Adam zu lösen. Hierfür nützen Eva die Felder 3 und 4 des Tetragramms, denn sich auf zwei Seiten der Medaille zu beschränken, reicht offenbar nicht. Damit würde Eva – in der Umkehrung des berühmten Wortes von Mephisto aus Goethes *Faust* – nur Teil von jener Kraft, die stets das Gute will und stets das Böse schafft. Eva kann nur gewinnen, wenn sie sich mit dem »Schatten im Gold« (Feld 3) und dem »Gold im Schatten« (Feld 4) auseinandersetzt.

Im Schatten der Bescheidenheit stößt Eva auf Mangelbewusstsein, Geiz und Neid (Feld 3). Diese Untugenden bestimmen maßgeblich auch jene sozialen Gruppen, die sich am lautesten für neue Bescheidenheit, Zurückhaltung, (Selbst-)Genügsamkeit und Konsumverweigerung einsetzen. Statt sich gegenseitig zu unterstützen, sich zu fördern und zu helfen, fließt viel Energie dahin, sich neidisch zu überwachen, damit nur kein anderer mehr Erfolg hat als man selbst. Und hat jemand Erfolg und verdient gar noch Geld damit, macht er sich sofort verdächtig und wird bekämpft. So halten sich alle klein(lich), und wenig Großes kann wachsen und zu einem starken Bewusstseinsfeld werden. Ein Beispiel beleuchtet es: Wer als Arzt naturheilkundliche Mittel aus der eigenen spirituell-ökologischen Gesundheitsszene empfiehlt, die ohne gefährliche Nebenwirkungen allen helfen und deren Verkauf einem Gleichgesinnten nützt, wird er sofort kritisiert und mit dem Vorwurf beschimpft, sich zu bereichern. Wer dagegen als Arzt die Mittel der Pharmakonzerne verschreibt, ist vor solchen Anwürfen relativ sicher, obwohl er aus der Verschreibung der Produkte großer Pharmafirmen Vorteile ziehen kann und von der Empfehlung der Naturmittel aus dem Bereich der Gesundheitsszene in der Regel materiell wenig bis nichts hat. Die Kleinkariertheit, die anderen nichts gönnt, weil man selbst nichts hat außer Mangelbewusstsein, führt dazu, dass alles so bleibt, wie es ist, und aus dieser Szene kaum wesentliche Impulse kommen. Dabei wäre der Entwicklungsbedarf riesig, die Frage ist nur, ob der Mut reicht, sich wirklich auf die *4 Seiten der Medaille* einzulassen.

Nach dem Ausflug in ihr persönliches Schattenreich von Feld 3 wendet sich Eva nun dem Feld 4 zu, um noch differenzierter mit dem Stressfeld 1 umzugehen. Direkt über der so negativ bewerteten Maßlosigkeit gelangt sie in das »Gold im Schatten«, das heißt in diesem Fall zur wahren Größe, auch der eigenen. Hier ist der Ort der Ideen und Visionen, der großartigen Träume, die etwas verändern können – in Evas eigener kleiner Welt oder in der großen. Hier ist die Großzügigkeit im Denken und Schenken angesiedelt, die Freigebigkeit sich selbst und anderen gegenüber. Hier wird Eva der überall herrschende Überfluss bewusst und die Möglichkeit, aus dem Vollen zu schöpfen, um überschwänglich wieder zu verteilen, was man übrig hat und gar nicht braucht, weil es eigentlich *überflüssig* ist und weiterfließen will. Hier werden großzügige Spenden gemacht und Projekte auf den Weg gebracht, die wirklich weiterhelfen.

Tetragramm: Maßlosigkeit ∞ Bescheidenheit

Eva dürfte nun noch klarer sehen, dass Verschwendungssucht und Großzügigkeit zwei Seiten eines Themas sind. Eva findet auch wieder in jedem der von ihr notierten Begriffe zu beiden kollektiven Schatten(be)reichen (Felder 1 und 3) schon den Keim ihrer (Er-)Lösung. Die Maßlosigkeit und die Anmaßung wollen aufhören, zu messen, zu werten und zu (ver)urteilen, und endlich den Überfluss anerkennen und großzügig fließen lassen. Die Unbeherrschtheit will aufhören, den Herrn zu spielen und zu herrschen. Die Verschwendungssucht will suchen und überschwänglich geben – alles Überflüssige und dann einfach alles, denn die verschwenderische Person träumt auf ihrer Lichtseite von Bedürfnislosigkeit und Freiheit von allem Beschwerlichen wie Materie. Die Unersättliche will sich vor lauter Lebenshunger alles einverleiben, will alles haben und sich zu eigen machen und letztlich alles sein, das heißt: »*Tat twam asi*« (»Ich bin das und das und alles«). Alles haben macht unglücklich, alles sein hingegen glücklich und frei. Die Übertreibung treibt es weit und dehnt alles aus, bis es größer und schließlich groß wird und am Ende wahre Größe (v)erlangt. Die Scheu träumt meist davon, ganz groß herauszukommen, zeigt aber auch die Möglichkeit des Rückzugs, etwa in das Eremitendasein, die Meditationsklause, das Alleinsein und Alles-in-einem-Sein. Die Verklemmtheit deutet den Verzicht an: nicht alles in allen Formen ausleben zu müssen, sondern freiwillig verzichten zu können. Das Leben auf Sparflamme kann und will zeigen, wie wenig man eigentlich braucht, wie genügsam und bescheiden es auch gehen kann. Kleinheit und Kleinlichkeit können andeuten, wie klein jeder Einzelne ist und wie unsinnig das ganze Theater, das das Ego ständig veranstaltet. Geiz und Mangelbewusstsein zeigen, wie sehr man alles (für sich) behalten will, und wer sich alles einverleibt wie schon der Unersättliche, hat schließlich alles in sich und wird so zu allem. »Der Tropfen im Meer mag bisweilen schon wissen, dass er im Meer ist, aber wohl selten weiß er, dass das Meer auch in ihm ist«, sagte die Yogini Ananda May.

Härte, Strenge ∞ Weichheit, Milde

Adam an Eva: »Du bist so starr und streng.«

Adams Vorwurf trifft Eva natürlich, denn sie will sich nicht nachsagen lassen, hart und uncharmant zu sein. Auch bei diesem Vorwurf sollten Adam und Eva wissen, dass alle beide mit demselben Thema zu tun haben. Aber sie durchschauen wahrscheinlich nicht, wer damit mehr in erlöster, konstruktiver Weise umgeht und wer mehr im unerlösten, destruktiven Bereich feststeckt. So kann es sein, dass ein schlampiger Adam alles vollkommen locker nimmt und ihm jedes bisschen Struktur und Ordnung und ihr Einhalten schon übermäßig starr und streng vorkommen. Oder es kann sein, dass Eva tatsächlich völlig in Regeln und Vorschriften erstarrt ist und Adam mehr aus einer gemäßigten Position heraus argumentiert.

Einer der großen Vorteile der 4 *Seiten der Medaille* ist, dass die Ausgangslage, der Grad der Verstrickung in das Stressfeld, praktisch gleichgültig ist, um erfolgreich weiterzukommen. Wer den Weg durch das Tetragramm nimmt, wird herausfinden, in welcher Weise die an andere gerichteten Vorwürfe vor allem mit einem selbst zu tun haben und inwieweit sie berechtigt sind. Der »Beschuldigte« wiederum kann erleben, wie die Vorwürfe sich während des Prozesses bewahrheiten oder in sich zusammenfallen. Doch immer werden beide (Seiten) erleben, was sie an diesem Konflikt zu lernen haben.

Adam kann Eva auf der Vorwurfsebene wahrscheinlich kaum verändern; seine Schuldzuweisungen würden nur beider Lebensstimmung verschlechtern und belasten. Wenn Vorwürfe wirklich konstruktive Veränderungen ermöglichen würden, lebten wir in einer herrlich entspannten Welt. Denn Kinder bekommen sie reichlich von ihren Eltern und diese dann später wieder von ihren Kindern. Kinder bekommen sie auch von Lehrern und diese von ihren Schülern, und das geht so weiter in der Ausbildung, am Arbeitsplatz und natürlich in Freundschaft, Partnerschaft und Liebesbeziehungen. Vorwürfe, ob an andere oder im Sinne von Selbstvorwürfen an die eigene Adresse, können nur fruchtbar werden, wenn sie unter Zuhilfenahme von Polaritäts- und Resonanzgesetz bearbeitet werden. Deshalb tut Adam gut daran, sogleich die Vorwurfsebene zu verlassen und zu prüfen *(Frage 1)*, inwieweit Eva auch mit sich selbst ähnlich streng und starr umgeht. Das wird er wahrscheinlich bestätigt finden, denn wenn Angst die Triebfeder ist, wird Eva zu deren Abwehr innerlich noch enger werden und nach außen strikter, strenger und auch starrer auftreten. Dann weiß er jedenfalls, wie sehr es ihr persönliches Thema ist und sie wohl aus seelischen Gründen ihr Verhalten nicht so einfach ändern kann. Ist sie dagegen nur mit ihm so streng, könnte es an einem blinden Fleck bezüglich ihrer eigenen Betroffenheit liegen, aber auch daran, dass er wirklich mehr Struktur und Festigkeit braucht. Dieser Verdacht würde sich bewahrheiten, wenn neben Eva auch andere an diesem Punkt bereits an ihm und seiner Lebensführung Anstoß genommen haben.

Mit *Frage 2* kann Adam sogleich seinen eigenen Anteil klären: Wie starr und streng begegnet er Eva, wie behandelt er sie? Wenn er ehrlich ist, mobilisiert sie mit ihrer Starrheit und Strenge auch ähnliche Züge in ihm selbst, sodass er nicht selten schon Gleiches mit Gleichem vergolten hat. In dem Maße, wie er das erkennt, wird er sich davon distanzieren können; vielleicht tut es ihm leid, und er nimmt sich vor, es in Zukunft zu ändern. Wichtig für ihn ist aber zu erkennen, dass ähnliche Tendenzen auch in ihm existieren und sie ihn natürlich auch nur deswegen bei Eva so aufregen (können). Wenn er gar nichts Entsprechendes bei sich finden kann, wäre zu ergründen, warum es ihn bei Eva denn überhaupt stört – und nicht nur für sie traurig macht. Alles andere als mildes Mitgefühl wäre dann völlig unerklärlich.

Wichtiger aber ist ein weiterer Schritt der Selbsterforschung, bei dem *Frage 3* hilft: Wie starr und streng ist Adam gegen sich selbst? Adam könnte durch Eintauchen in die Seelen-Bilder-Welt und mit Hilfe des ersten aufsteigenden Gedankens zu neuen und wahrscheinlich für ihn überraschenden Erkenntnissen gelangen. Diese werden ihm dasselbe Thema bei sich zeigen und auch, wo sein Leben darunter leidet, ohne dass er sich dessen bisher bewusst war. Spätestens ab dieser Einsicht könnte Adam der strengen und starren Eva dankbar sein, ihn mit ihrer Art auf so Wesentliches bei sich selbst gestoßen zu haben. Das ist auch der Punkt, wo jede Partnerschaft zu Wachstum und Entwicklung für beide (Seiten) führt – und dies auch müsste, wenn beide gemeinsam weiterkommen wollen.

Vor diesem Hintergrund kann Adam, ganz ohne Eva daran zu beteiligen oder gar damit zu behelligen, an seiner eigenen übertriebenen Strenge und Starrheit arbeiten, die zugrundeliegenden Ängste betrachten und lösen und seine Entwicklungsschritte tun. Vielleicht erlebt er, wie er ähnliche Strenge und Prinzipienreiterei schon vonseiten eines Elternteils oder Lehrers erlebt hat und wie ihn das auch damals schon geärgert hat. Noch tiefer in seine eigene Seelen-Bilder-Welt eintauchend, wird er möglicherweise erkennen, wie er sich selbst gegenüber oft streng bis zur Gnadenlosigkeit ist, sich nichts durchgehen lässt, niemals fünf gerade sein lassen kann. Rückblickend erkennt er vielleicht, wie sehr er sich mit seiner Unnachgiebigkeit das Leben erschwert hat und dass ihn Evas Strenge an seine eigenen harten Seiten erinnert, die er wahrscheinlich bei ganz anderen Themen entwickelt hat. Falls er in der Vergangenheit sogar unerbittlich bis zur Hartherzigkeit gehandelt hat, dürfte dies jetzt auch Bedauern und Trauer auslösen und ihn zu neuen Ansätzen motivieren.

Diese Selbsterkenntnis macht Adam Schritt für Schritt reifer, um schließlich Eva auf dieser Ebene sehr bewusst und gleichsam rituell zu begegnen, ohne es ihr von Neuem mit gleicher Münze heimzuzahlen. Im Gegenteil kann er wiederum rituell in der Begegnung mit Eva üben – gleichgültig wie sie mit ihm umgeht –, ihr ohne Strenge und Starrheit gegenüberzutreten und Nachsicht zu üben. Dies wird auf Dauer durch die Wirkung des Resonanzgesetzes für eine gewisse Auflockerung bei ihr sorgen. Möglicherweise kann er sie auch jetzt schon einweihen in dieses Programm zur Lösung der Thematik, sodass sie gemeinsam Schritte unternehmen wie die Umformulierung des Vorwurfs und die Arbeit mit den *4 Seiten der Medaille*.

Was aber im praktischen Leben häufiger vorkommt, ist der Versuch, das Ideal einzufordern und dazu den Vorwurf umzuformulieren, zum Beispiel Adam an Eva: »Mir fehlen Entspanntheit, Milde und Weichheit von deiner Seite und die Fähigkeit, mal nicht alles so genau zu nehmen.« Oder: »Ich wünsche mir mehr Vergebung, Nachsicht und Güte von dir; ich wünschte, mehr Gnade vor deinen Augen zu finden.« Ohne jeden Vorwurf könnte er sie auch bitten, ihm gegenüber mehr Gelassenheit an den Tag zu legen, oder ihr sagen, dass ihm im täglichen Leben mit ihr etwas entspannte Flexibilität fehlt. Allerdings sind Wünsche immer nur die Kehrseite von Beschwerden und damit letztlich Vorwürfe, was sich auch an der spirituellen Praktik des Wünschens ablesen lässt. Wer sich Geld wünscht, beschwert sich über dessen Mangel; wer den Traumpartner beim Universum »bestellt«, beklagt damit indirekt sein Ausbleiben.

Während jene Umformulierung die Vorwurfsebene schon etwas relativiert, kann Adam im Allgemeinen rasch erkennen, wie all das von Eva Erwünschte ihm selbst ebenfalls guttäte. Das Entspannte, Fließende und Geschmeidige, deren Mangel ihm bei Eva so deutlich wird, fehlt ihm wahrscheinlich ähnlich wie ihr, vielleicht auch Milde, Güte und Verzeihen. Adam könnte sich bewusst klarmachen, dass ihm selbst jene erwünschte Gelassenheit gefehlt hat, besonders im Umgang mit Eva, wenn sie streng und hart zu ihm war.

Frage 3 führt Adam wieder zu sich zurück, und er kann sich Zeit nehmen, um herauszufinden, in welchen Bereichen seines Lebens es ihm sich selbst gegenüber an Gelassenheit gefehlt hat, an Herzensmilde und der Fähigkeit, sich zu vergeben. Hier eröffnet sich wiederum ein weites Feld für Übungen und Exerzitien. Auf der Ebene der inneren Bilderwelten kann er wundervoll lernen, sich rituell zu vergeben. So wird es möglich, sich rückwirkend – aber im Augenblick der Meditation eintauchend in den damaligen Moment als sei er aktuell – gnädiger anzunehmen und sich selbst gegenüber Milde walten zu lassen. Je besser Adam das mit sich selbst gelingt, desto einfacher wird es auch mit Eva.

Im Zuge der 4 *Seiten der Medaille* kommen nun zwei weitere entscheidende Chancen und Aspekte in ihr Beziehungsspiel. So wie Adam unter Evas Härte und Strenge, ihrer Starrheit und Unerbittlichkeit leidet, hat er mit seiner Gnadenlosigkeit auch sich selbst das Leben schwer gemacht. Daher liegt es nahe, sich Eva als mildherzige, von gütiger Nachgiebigkeit geprägte, vergebende, gelassen und flexibel im Fluss des Lebens agierende Traumpartnerin zu wünschen und sich selbst ganz ähnlich zu visualisieren.

Aber nach dem Polaritätsgesetz muss es zu dieser Traumvorstellung eine Schattenseite geben, die dann auch in einer Weichheit liegt, die jede Struktur verloren hat und in Auflösung übergeht, wo gar keine Grenzen mehr Halt geben und Haltlosigkeit droht. So weit in die Schattenseite sollte es dann offenbar weder bei Eva noch bei ihm selbst gehen. Geschmeidigkeit und Flexibilität sind also konstruktiv, aber alles Auflösende, Strukturlose, Unbestimmte ist dann doch nicht erstrebenswert.

So wie die Wunschvorstellung eine Schattenseite hat, hat auch der Albtraum der Vorwurfsebene einen lichten Gegenpol, eine konstruktive Seite. Übertriebene Strenge und Starrheit sind natürlich scheußlich, aber Struktur und Konsequenz haben durchaus etwas Wertvolles und Wichtiges zu bieten, und Evas verlässliche Pünktlichkeit und ihre Ordnungsliebe im Haus genießt Adam doch sehr und möchte sie keinesfalls missen.

∞ Der Weg durchs Tetragramm

Den meisten sind wohl Unerbittlichkeit und Härte zuwider, und Hartherzigkeit ist sogar für den, der sie zeigt, durchaus auch tödlich, denn auf der körperlichen Ebene kann ein hartes Herz bersten – das heißt die verkalkten Herzkranzgefäße – und das Leben beenden. Erbarmungslose Strenge macht das Leben schwer, aber selbst in dieser Unerbittlichkeit erkennt der, der schon einmal in einem Zen-Kloster meditiert hat, auch einen Erlösungsweg. Wenn man sich lange genug dieser harten, regelrecht gnadenlosen Disziplin ergibt, lassen sich dadurch erstaunlich bereichernde Ergebnisse und sogar letzte Befreiung erwirken. Obwohl durch dieses Stressfeld 1 der Härte und Strenge schon gleich wieder Lichtfunken blitzen, ist es doch eindeutig als Schattenland erkenntlich.

Mit der aufsteigenden Lemniskate gelangen wir in den Gegenpol Weichherzigkeit, Milde und in das lichte Feld 2. Güte, Vergebung, Gnade und Nachgiebigkeit sind natürlich erstrebenswert. Allerdings ist es eine Illusion zu glauben, Gnade sei eine Alternative zur harten Anstrengung des Sichbemühens, wie es manchmal Katholiken und Muslimen erscheint. Kismet-Denken nach dem Motto. »Ich brauche mich doch gar nicht so zu quälen, da sowieso alles vorausbestimmt ist« oder als frommer Katholik zu meinen: »Der Herrgott wird's schon richten« und auf die Gnade zu warten, sind keine Lösungen. Vielmehr greift beides ineinander – in dem Sinne, wie es bei den Anonymen Alkoholikern heißt: »Nur du allein kannst es schaffen, aber allein kannst du es nicht schaffen.« Sowohl der starke eigene Wille, sich aus dem Elend zu befreien, und die helfende Gruppe, die einen trägt, führen hier gemeinsam zum Erfolg. Ähnliches finden wir bei Goethe im *Faust*, wo der Chor formuliert: »Nur wer strebend sich bemüht, den können wir erlösen.« Und so ist es das Karma beziehungsweise das Leben, dem sich ein Mensch stellt und das reif macht für letzte Vergebung und Gnade.

Wer sich immer nur auf die Gnade verlässt und sich nie bemüht, wer alle Regeln des Anstandes und des Lebens übertritt in der Hoffnung, durch Beichte und die relativ sichere Absolution immer wieder davonzukommen, täuscht sich letztlich. Denn auch dieser himmlische Pol in Feld 2 des Tetragramms hat seine Schattenseite, dargestellt in Feld 3. Der Abstieg in diesen Abgrund, in der spirituellen Welt Abyssos genannt, konfrontiert mit der Auflösung aller Strukturen und der Zersetzung. Das Ego aber braucht Halt, Struktur und Grenzen. Lösen sich diese zu früh auf, kommt es zu Haltlosigkeit bis hin zu völligem Zerfall der Persönlichkeit. Das kann sogar in eine Psychose münden. Dann übernimmt der Schatten vollends die Macht, und die dunkle, bisher verdrängte Seite gewinnt die Oberhand.

Wer immer nachgibt, kommt zu gar nichts Eigenem mehr, sondern wird zum Spielball des von anderen bestimmten Geschehens. Aber Nachgiebigkeit war auch im himmlisch erlösten Feld 2 schon genannt und hat dort ihren berechtigten Platz. Denn Nachgiebigkeit kann eine

Vorstufe sein zur völligen Ergebenheit im Sinne des »Dein Wille geschehe« und in die Einheit führen.

Sobald jede Struktur vor lauter Konturlosigkeit und mangelndem Ego verschwindet, tritt der Wahnsinn oder die Erleuchtung ein. Wenn das überreif ausgebildete Ego sich ergibt und mit seinem Schatten vereint – nach C. G. Jungs Gleichung: Ego + Schatten = Selbst –, kann es alle Grenzen überwinden und in die Grenzenlosigkeit des Himmels eingehen. Das gerade noch bedrohliche Zerfließen würde so auch zum Auflösen im Ganzen führen und zur Wahrnehmung, alles in sich zu haben, damit zum Einfließen in das unermessliche und unendliche Meer des Einheitsbewusstseins. Das ist der Moment, wo Genie und Wahnsinn, Psychose und Erleuchtung sich so erschreckend nahekommen. Und deshalb findet sich zu jedem Begriff in diesem Schattenfeld 3 – dem Polaritätsgesetz entsprechend – wieder eine lichte Seite. Die aus aller Strukturauflösung folgende Ungewissheit vermittelt die Erkenntnis, dass wir uns auf nichts verlassen können, weil nichts feststeht, außer der Erlösung im Tod, also alles im Fluss ist, und damit sind wir bei Heraklits »*Panta rhei*« (»Alles fließt«). So kann eine für das Ego kaum erträgliche Ungewissheit auch die Offenheit für den jeweiligen Augenblick des Hier und Jetzt vermitteln.

Wenn auf diesem Weg, den Adam anhand der Lemniskate durch das Tetragramm nimmt, solche Unschärfen auftreten, das heißt, er einen Begriff sowohl einem der Licht- als auch einem der Schattenfelder zuordnet, ist das passend. Denn natürlich durchdringt die Polarität ständig das ganze Geschehen bis in die Details. Und wie immer zeigt die eigene Resonanz, wo Adam mitschwingt und von Betroffenheit ausgehen kann.

Aus dem Schattenfeld 3 bewegt sich Adam wieder durch die Mitte hinüber in das lichte Feld 4. Das »Gold im Schatten« heißt für ihn hier unter anderem Pflichterfüllung, was in manchen Ohren ganz konstruktiv klingt. Zum Beispiel in denen von ordnungsliebenden, disziplinierten Menschen. Auch für einen Orthodoxen jedweder Religion, der sich streng an die Gebote seiner Religion hält und den Regeln buchstabengetreu folgt, ist dies ein positiver Begriff. Ein lockerer Lebenskünstler wird sich davon weniger angesprochen fühlen. Und wer spirituelle Entwicklung als sein Lebensziel erkennt, wird unter Pflichterfüllung sicherlich etwas ganz anderes verstehen als jemand, dessen höchste Autorität die Regierung seines Landes ist. Während Letzterer aus Pflichterfüllung in den Krieg zieht, stellt sich Ersterer immer wieder in seiner Meditation dem »heiligen Krieg« mit seinem Ego auf dem Weg zur Erleuchtung.

Klare Regeln, Ordnung und Struktur sind natürlich etwas Wundervolles. Dazu gehört auch höchste Konzentration. Für Schauspieler und Musiker ist sie Voraussetzung für gelungene Auftritte; auch Sportler brauchen sie, um Höchstleistung zu erbringen. Extremsportler wie Freeclimber suchen geradezu solche Momente höchster Konzentration im Hier und Jetzt. Der in einer überhängenden Wand Kletternde ist vollkommen auf seine Bewegungen konzentriert und maximal wach – oder er liegt in den nächsten Sekunden zerschmettert im Abgrund. Sein Selbsterhaltungstrieb will den Absturz vermeiden und zwingt ihn so gleichsam zu höchster Konzentration, um mit all seinen Lebensgeistern achtsam ganz im Augenblick zu sein. Er ist in dieser besonderen Wachheit dem großen Er*wach*en zumindest nahe. Auch muss er sich ganz auf sich, auf seine Kraft und sein Können verlassen. Ähnlich ergeht es wohl jenen Surfern, die es wagen, die ganz großen Wellen zu reiten. Auch sie tragen zu hundert Prozent die Konsequenzen ihres Handelns. Allein mit sich in der Wand oder in der großen, sich überschlagenden Welle sind diese Extremsportler näher bei Gott und der Einheit. Sie klettern oder surfen in einem Bereich, der für die allermeisten tödlich wäre. Das Stürzen wäre eine unerlöste oder destruktive Variante, das Meistern der Gefahrenpunkte ein Schritt in Richtung Überwindung von Beschränkungen, in die Freiheit des Seins. Oft wird Extrembergsteigern und Big-Wave-Surfern auch Todessehnsucht nachgesagt, aber viel eher ist es die Sehnsucht nach dem Augenblick des Hier und Jetzt und letztlich nach Erlösung und Einheit.

Verlässlichkeit ist etwas Wundervolles – jene Verlässlichkeit, die ein Vater oder eine Mutter dem eigenen Kind geben kann und die das Kind auch selbst empfindet, wenn es sich so völlig anvertraut und den Eltern alle Macht der Welt zutraut. Etwa wenn das Kleinkind, das bisher nur körperwarmes Badewasser kannte, beim ersten Schritt ins Meer entsetzt aufschreit und meint, der Papa möge doch bitte für die gewohnte Temperatur sorgen. Wenn sich Partner, Freunde, Mitarbeiter auf einen verlassen können, ist das für beide Seiten ein wundervolles Gefühl. Und auch hier ist in dem Wort selbst schon mit seinem Doppelsinn der Schatten angelegt. Sich verlassen können und das Gegenteil, verlassen sein, erinnern sprachlich an vergangene Zeiten, als man – der Einheit noch näher – die Gegenpole weniger trennte; zum Beispiel ist *altus* im Lateinischen das Wort für *hoch* und *tief* zugleich.

Auch wenn Adam nun alle vier Felder des Tetragramms auf der Lemniskate durchlaufen hat, könnte er noch den Schritt aus dem Lichtfeld 4 über den Abyssos in das Schattenfeld 1 des Anfangs wagen und erkennen, wie auch hier natürlich Licht und Schatten schon nahe beieinanderlagen. Da waren ihm Unerbittlichkeit und Unnachgiebigkeit als Schattenaspekte begegnet, aber bei einem spirituellen Meister wären diese Eigenschaften nicht nur angemessen, sondern für den Schüler förderlich. Denn der Meister sollte sich eben nicht erweichen und Gnade vor Recht ergehen lassen. Er kennt und weist den rechten Weg, und Gnade, im erlösten Lichtfeld 2 des Tetragramms platziert, kommt frühestens am Ende dieses spirituellen Weges aus einer nicht mehr menschlichen Dimension hinzu. Hier sind also Gnadenlosigkeit und sogar Erbarmungslosigkeit des Lehrmeisters vonnöten, um Suchende voranzubringen zum großen Ziel. Selbst wenn dies von außen hartherzig erscheinen mag, ist dahinter doch nur ein fest(entschlossen)es Herz verborgen, das um die Konsequenzen weiß. Das zeichnet den Meister aus, auf den sich der Schüler verlassen kann; er wird ihn nicht verlassen und auch nicht im Stich lassen, sondern ihn unerbittlich, gnadenlos, aber nie ungnädig voranbringen. Unnachgiebig wird er viel geben, seine Erbarmungslosigkeit ist Pflichterfüllung gegenüber dem Selbst des Schülers, seine Liebe liegt in seiner Härte und Strenge.

Tetragramm: Härte, Strenge ∞ Weichheit, Milde

4	2
Konzentration, Verlässlichkeit, Konsequenz, Struktur, Pflichterfüllung	**WEICHHEIT, MILDE** Vergebung, Gnade, Güte, Mildtätigkeit, Nachgiebigkeit
HÄRTE, STRENGE Unnachgiebigkeit, Hartherzigkeit, Unerbittlichkeit, Gnadenlosigkeit, Erbarmungslosigkeit	Nachgiebigkeit, Unzuverlässigkeit, Ungewissheit, Zerfließen, Auflösung, Strukturlosigkeit
1	3

Ohnmacht ∞ Macht

Barbara: »Ich fühle mich ohnmächtig und ausgeliefert, sogar fremdbestimmt.«

Das Gefühl von Ohnmacht wird von Beate als sehr belastend beschrieben. Es ist das Gefühl, von anderen gegängelt zu werden, keinen Gestaltungsraum zu haben, haltlos zu sein. Der Auslöser des Stresses ist hier – wie auch in den beiden folgenden Fallbeispielen – weder ein direkter Vorwurf von außen noch eine Schuldzuweisung durch eine andere Person. Das Stressfeld kommt durch eine innere Belastung und abwertende Selbsteinschätzung zustande. Oft steht nur ein vages Gefühl dahinter, und es werden keine passenden Worte gefunden, um zu beschreiben, was es genau ist, das so bedrückend wirkt. Natürlich könnte Beate auch für all das sofort einen außenstehenden Schuldigen finden, etwa den Partner, die Familie, die Kollegen oder gar den Staat, der einen im Stich lässt. Nur hat Beate schon erkannt, dass der Kern des Problems wie auch die Lösung in ihr selbst liegen. Erfreulich ist, wie immer mehr Menschen schon wissen und spüren, dass sie etwas an sich selbst, an ihrem Zugang, an ihrer Sichtweise ändern müssen, um in ihre Mitte zu kommen und sich stark zu fühlen.

Für Beate ist das Ohnmachtsgefühl mit der Angst verbunden, sich selbst zu verlieren, im anderen aufzugehen und zu verschwinden. Wenn Beate sich ohnmächtig fühlt, sieht sie keine Möglichkeit mehr, frei zu handeln oder frei zu entscheiden. Wenn sie glaubt, nicht selbstständig über ihr Leben bestimmen zu können, wird sich ihre Verzweiflung verschlimmern, was bis zum Identitätsverlust führen kann. Wenn sie sich ohnmächtig fühlt, erlebt sie sich als Opfer der Umstände, als Spielball ihrer Umgebung oder gar höherer Mächte. Sie trägt aber selten einen klaren Vorwurf nach außen – denn dann wäre der »Feind« ja benannt. Sie leidet eher im Stillen, versinkt noch mehr in Resignation und gibt sich selbst zumindest teilweise auf.

Das Gefühl von Ohnmacht gehört archetypisch zum Element Wasser, in diesem Fall in Form der Weite des Ozeans, in der man ohne großes Aufsehen versinken und verlorengehen kann, von der man einfach verschluckt und nie wieder ausgespuckt wird. Aber die Wahrscheinlichkeit, dass es zu diesem Untergehen kommt, ist sicher nicht so groß wie Beates Angst davor.

Die alltäglich erlebte Form von Ohnmacht kann für Beate auch ganz einfach die Unerreichbarkeit des Gewünschten sein, etwa des Menschen, in den sie verliebt ist, oder der Position, für die sie sich beworben hat. Auch die Anerkennung, die sie verdient zu haben glaubt, oder die eigene Leistungsfähigkeit und die Erwartungen, die sie an sich selbst stellt, fallen darunter. Das Gewünschte, von dem sie meint, es stehe ihr zu, erhält sie nicht.

Dafür mischen sich andere Menschen ein. Sie bestimmen, wo es langgeht, treffen Entscheidungen über Beates Kopf hinweg, überschreiten Grenzen. Nur hat Beate die eigenen Grenzen zuvor nicht klar genug definiert. Von anderen Menschen erwartet Beate aber, dass sie wissen, wo sie liegen. Die anderen sollen ihr gleichsam die Wünsche von den Augen ablesen; oder der Partner soll sie erspüren und im tiefsten Wesen erkennen. Das jedenfalls wäre die Hoffnung der empfindsamen Beate, die oft selbst vieles erahnt und das dann auch von anderen erwartet – allerdings meist vergeblich, denn die anderen sind mit großer Wahrscheinlichkeit anderen Sinnes und auch nicht so feinfühlig veranlagt. Die bedrängende Situation motiviert dann Beate nicht zum Aufbruch, zum Kampf, zum Versuch der Befreiung, sondern verstärkt bei ihr das Gefühl der Ohnmacht, Zermürbung und Selbstauflösung. Zudem ist Beate im Alltag tatsächlich abhängig von Entscheidungen anderer, zum Beispiel von Vorgesetzten, die über die Arbeit des nächsten Tages oder Jahres entscheiden, die vorschreiben, wo sie eingesetzt wird, was das Aufgabengebiet ist, ob sie den Job überhaupt behalten wird. So fühlt Beate sich auch hier als Spielball der Kräfte.

Beate fühlt sich ignoriert, und es kommt Selbstmitleid auf. In diesem Fall lässt sie sich kaum von Fakten überzeugen und beharrt darauf, dass ihr geholfen werden müsse – und letztlich doch nicht geholfen werden kann. In gewisser Weise läuft dies auf einen Teufelskreis hinaus, bei dem es Beate regelrecht schwindlig wird. Sie verliert die Orientierung, findet nicht zurück in ihre Mitte, sieht weder ihr Potenzial noch Wege des Selbstausdrucks und treibt ziellos umher.

In einem weniger drastischen Fall von Ausgeliefertsein muss Beate Strafe zahlen, weil sie zu schnell gefahren ist und angehalten wird. Das charmante Ausredenspiel funktioniert nicht, die Ordnungshüter, ausgestattet mit der Macht des Gesetzes, zeigen sich gnadenlos, und Beate ist das Geld los, das sie für mehr oder weniger Sinnvolles hätte ausgeben wollen. Das Gefühl, nichts dagegen tun zu können und sich fügen zu müssen, verdirbt ihr die Stimmung, obwohl sie weiß, dass die Strafe rechtens ist und nicht willkürlich verhängt wurde. Beate ist in diesem Fall wirklich kein Opfer, sondern hat das Tempolimit missachtet. Dennoch kann das Gefühl, gegen den eigenen Wunsch angehalten zu werden und sogar eine Geldbuße zahlen zu müssen, Stress auslösen. Und wie ist es erst, wenn Beate plötzlich bewusst wird, dass womöglich eine höhere Macht über ihr Schicksal bestimmt! Das Stressfeld 1 des Tetragramms lässt sich also füllen mit Begriffen wie: Fremdbestimmung, Abhängigkeit, Haltlosigkeit, Identitätsverlust, Resignation.

Trotz Gewohnheit und Selbstmitleid strebt auch Beate dem Gegenpol von Ohnmacht zu. Doch Macht als Gegenpol hält Beate gleich wieder davon ab, sich mit dem Sehnsuchtsfeld 2 auseinanderzusetzen. Macht auszuüben ist ja genau das, was andere bisher in destruktiver Weise mit ihr getan haben, durch kleinhalten, ausnutzen, missbrauchen. Beate könnte sich die englische Sprache zu Hilfe nehmen, denn *power* bedeutet hier Macht und Kraft zugleich und ist somit nicht negativ besetzt. Und im

Feld 2 geht es ja um die Kraft, zu bestimmen, zu gestalten, sich zu wehren, sich zu behaupten. Thema ist die Macht über das eigene Tun, das eigene Wirken und Sein, also etwas sehr Erstrebenswertes.

In diesem konstruktiven Feld der Macht kann Beate über ihr eigenes Leben bestimmen. Sie entscheidet selbst, wohin sie geht, wie sie geht oder ob sie sitzt, läuft, fährt, schwebt oder fliegt. Sie kann bestimmen, in welcher Weise sie aktiv werden will und wie sie ihre Angelegenheiten gestalten möchte. Beate hat in diesem Feld guten Zugang zur ihrer Kraft und Kontrolle über die eigenen Ressourcen. Sie ist nicht mehr schicksalhaft in misslichen Lebensumständen gefangen und erlangt ein Gefühl von Selbstbestimmtheit und Selbstermächtigung, das sie beflügeln und zu Großem anspornen kann. Sobald sie dann positive Resonanz erfährt und spürt, dass sie durch ihr Tun etwas bewirkt, etwas erschafft, verändert, gestaltet und beeinflusst, kann dies zu regelrechten Höhenflügen führen. All das ereignet sich im Feld 2 der Macht, ohne nur einen einzigen anderen Menschen unterdrückt oder ihm geschadet zu haben. Das passiert im konstruktiven Feld 2 selbst dann nicht, wenn Beate bei ihrer Selbstermächtigung auch Macht über andere bekommen sollte.

So hat ein Unternehmer natürlich Macht über seine Lieferanten, denn wenn er nichts mehr von ihnen kauft, droht ihnen der Konkurs. Aber auch die Lieferanten haben (zumindest kollektiv) Macht über den Unternehmer, denn wenn sie ihm allesamt absagen, kann er nichts mehr verkaufen. Wie jede der beiden Seiten damit umgeht, Macht zu haben und auszuüben, ergibt das ganze Bild. Ein anderes Beispiel: Fast immer hat der oder die Ältere im Familiensystem Macht, und zwar die Macht zu entscheiden, wie man sich verhalten soll, was als gefahrvoll oder als nützlich einzustufen ist, wie man sich positioniert. Wenn dies konstruktiv und verantwortungsvoll geschieht, gibt es dem Gefüge sehr viel Sicherheit. Auch bringt ein Machtwort zur rechten Zeit Klarheit und beendet Ungewissheit und Chaos. Eine Löwenmutter mit scharfen Reißzähnen hat die Macht, diese so einzusetzen, wie sie will. Ihre Löwenbabys nimmt sie damit so zart und sicher auf, dass ihnen nichts passiert; die Antilope hingegen wird damit zur Strecke gebracht. Bildende Künstler oder Autoren bemächtigen sich eines Themas; sie haben Freude daran, es zu gestalten und ein Werk zu erschaffen. Vor kreativer Kraft nur so zu sprudeln ist ein wahrlich schönes Gefühl. So notiert Beate im Feld 2 mit der konstruktiven Seite der Macht Begriffe wie: Selbstbestimmung, Unabhängigkeit, Gestaltungskraft, Selbstständigkeit, Autonomie.

Doch nun beginnt der Abstieg in die Schattenbereiche von Macht, in das Feld 3. Hier gibt es wieder die Gelegenheit, den Reiz des oft so ersehnten positiven Gegenpols, in Barbaras Fall Machtfülle, zu relativieren. In diesem Schattenfeld 3 wird rücksichtslos und unterdrückend agiert. Hier wird die Macht egoistisch eingesetzt und auch missbraucht. Hier wird nicht gesehen, was der andere benötigt. Die rücksichtslose Vereinnahmung des anderen für eigene Interessen ist an der Tagesordnung. Im Zuge der Selbstprüfung könnte Beate sich einmal spielerisch in das Gefühl von Allmacht versetzen und formulieren, was sie dann alles tun oder lassen würde. Dabei dürfte sie schnell erkennen, wo sie wirklich steht.

Außerdem könnte sich bei dieser Innenschau herausstellen – und das ist psychologisch sehr interessant –, dass nur ein Anteil von Beate übermächtig wird, etwa eine ungesunde Verhaltensweise, ein Glaubenssatz, eine Wertvorstellung, auch ein innerer Archetyp wie die Prinzessin, die Kriegerin oder die Mutter. Wenn diese Persönlichkeitsanteile zu übermächtig werden und das restliche »System« in Beschlag nehmen, hätte Beate in sich selbst ein Ohmacht-Macht-Problem.

Tetragramm: Ohnmacht ∞ Macht

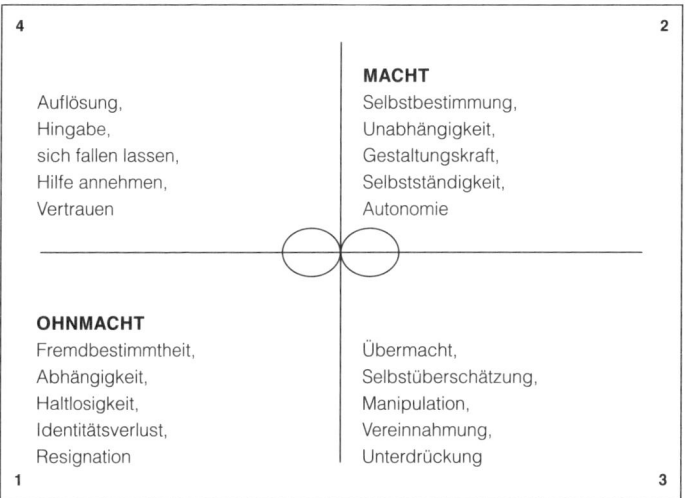

Beate fasst die Begriffe zusammen, die für sie als »Schatten im Gold« in Feld 3 zu finden sind: Übermacht, Selbstüberschätzung, Manipulation, Vereinnahmung, Unterdrückung. Sie wendet sich dann der vierten Seite der Medaille zu, dem Feld, in dem das »Gold im Schatten« der Ohnmacht aus Stressfeld 1 erkannt wird. Wenn es für Beate schon schwierig gewesen sein sollte, der Macht etwas Konstruktives abzugewinnen, und wenn es umso leichter war, ihr Destruktives zuzuschreiben, dann ist es im Prozess der *4 Seiten der Medaille* erfahrungsgemäß auch schwieriger, der Ohnmacht etwas Konstruktives und Positives abzugewinnen.

Beates Selbsterforschung richtet sich auf die Frage, wo es erstrebenswert und konstruktiv ist, ohne Macht zu sein. Wo lohnt es sich zu erkennen, dass sie tatsächlich ohne Macht ist, und diesen Zustand akzeptieren oder sogar bejahen kann. Wenn sich Beate damit zu beschäftigen beginnt, wie groß ihr Einfluss als einzelnes Individuum in einem größeren Kontext ist, dürfte schnell erkennbar sein, dass Beate in fast allen äußeren Angelegenheiten keine Macht hat. Wann und wo der nächste Brocken aus dem Weltall auf die Erde trifft oder das nächste Erdbeben ausbricht, wann die nächste große Epidemie auftritt, ob ein Chemie- oder Atomunfall passiert oder ob Beate auf Glatteis ausrutschen wird – über all das hat Beate nur sehr wenig Macht, selbst bei viel Vorsicht und Kenntnis aller universellen Gesetze und Lebensprinzipien. Das heißt, es wird immer so etwas wie das Schicksal, eine unberechenbare oder höhere Macht, geben. Die Möglichkeit, Macht über sein Leben zu haben, ist viel begrenzter, als vielleicht geglaubt. Natürlich bezieht sich die Unberechenbarkeit auch auf so positive Dinge wie einen Lottogewinn oder die Begegnung mit dem Traumpartner. Stets gibt es sowohl bei den großen wie kleinen Dingen im Leben zahllose Komponenten, über die man keine Macht hat. Diese Einsicht wird zwar noch nicht für ein gutes Gefühl in Hinblick auf Ohnmacht sorgen, aber es wird deutlicher, in wie vielen Bereichen man keine Macht hat und diese auch nicht mit viel Geld und Einfluss erlangen kann. Die Frage ist jetzt, wie sich Beate zu dieser Tatsache stellt – ob sie ihre Ohnmacht bewusst akzeptieren kann oder aber dagegen ankämpft.

Der Schlüssel liegt in bewusster Hingabe, bewusstem sich Anvertrauen und Fallenlassen. Es kann bedeuten, Macht abzugeben und sie in die Hände von anderen zu legen, die damit sorgsam umgehen, vielleicht sorgsamer als man selbst. Hier geht es also um Vertrauen. Im Gegenpol, Feld 3, würden dann Übermacht und Allmachtsgehabe zu finden sein, während im Feld 4 die Erkenntnis wachsen könnte, dass man auch Hilfe annehmen kann, dass es gut ist, jemanden zu ermächtigen, das Richtige für einen selbst zu tun. Hier muss Beate nicht alles in ihrer Macht Stehende aufwenden und sich dabei vollkommen erschöpfen. Warum nicht loslassen, sich anvertrauen und hingeben? Hingabe ist auch spirituell gesehen eine der höchsten Tugenden, wenn das »Dein Wille geschehe« zugelassen wird. Hier taucht Beate ab in jenen Ozean als einer Ausprägung des Wasser-Elements und Symbol für das Allumfassende, in dem sie sich nun getragen fühlt. Ohne Macht zu sein – keine Verantwortung zu tragen und nicht handeln, entscheiden, gestalten zu müssen – ist somit auch entspannend. Immer wieder geht es in diesem vierten Feld um das bewusste Annehmen und Gestalten des zuvor destruktiv Empfundenen und damit meist um das Ende eines Kampfes.

Zum Schluss sei nochmals den beiden destruktiven Polen Aufmerksamkeit geschenkt, denn Beate sollte versuchen, sie anzuerkennen. Dafür wählt sie aus dem Feld 1 den Begriff Resignation. Wer resigniert, hat aufgegeben, vielleicht sogar abgedankt, findet es sinnlos weiterzumachen. Doch was ist daran grundsätzlich schlecht? Etwas aufgeben, das keine Freude bereitet, einen Job kündigen, der keine Aussicht auf erfüllendes Wirken und Werken bietet, nicht dort weitermachen, wo es ohnehin kein Weiterkommen gibt – das sind absolut sinnvolle Entscheidungen. Resignation heißt wörtlich, seine Signatur, seine Unterschrift, zurückziehen, und wenn man zu etwas nicht mehr stehen kann, ist das der beste Weg.

Aus Feld 3 wählt Beate den Begriff Unterdrückung, um beispielsweise die Vorteile zu ergründen, die darin liegen, nicht jeder Regung freien Lauf zu lassen. Es kann durchaus sinnvoll sein, einen Impuls zu unterdrücken und nicht gleich einem Gefühlsausbruch nachzugeben oder eine zynische, verletzende Bemerkung fallen zu lassen. Viel angemessener im Sinne eigener Macht und Stärke wäre, selbstbewusst und kontrolliert zu entscheiden, was man tun oder kommunizieren will.

Und so schließt sich auch hier der Kreis, der die vier Pole so wundervoll umspannt. Alle Felder sind wesentlich, als Problembeschaffer und Lehrmeister, als Antriebs- und als Ruhefeld. Wer es vermag, in seiner Mitte zu bleiben und aus der Betrachtung aller vier Pole die stimmigen Entscheidungen zu treffen, wird sich wohl nicht mehr länger ohnmächtig fühlen oder sich seiner Macht berauben lassen.

Abseits stehen ∞ Zugehörig sein

Xaver: »Irgendwie gehöre ich nicht dazu. Ich fühle mich ins Abseits geschoben!«

Xaver fühlt sich fremd und distanziert, nicht zugehörig, zuweilen auch alleingelassen. Von anderen ausgeschlossen zu sein, keinen Zugang zu einer Gruppe zu finden, löst generell hochgradig unangenehme Gefühle aus und erzeugt ein massives Stressfeld. Xaver lebt mehr oder weniger isoliert; manche halten ihn für einen Sonderling, zumindest für etwas eigenartig.

Ausgrenzung kann schon sehr früh beginnen, wenn man in der Kindheit immer wieder hört, dass man (nichts als) Flausen im Kopf habe, dass es wirklich Blödsinn sei, auf eine bestimmte Art zu denken oder zu handeln, oder dass es nicht passend sei, auf der Richtigkeit bestimmter Wahrnehmungen zu bestehen. Man glaubt dem Kind auch nicht, dass es Gespenster oder andere unheimliche Wesen sieht. Auch Xaver war schon als Kind irgendwie anders, was aber keine Auszeichnung bedeutete, sondern das Urteil, dass mit ihm etwas nicht stimmt. Solch eine Person tanzt womöglich schon als Jugendlicher aus der Reihe.

Xaver lässt die Kommentare der anderen an sich abprallen. Doch damit bleibt er bei seinem speziellen Kurs, verfolgt ihn sogar noch intensiver und sondert sich immer mehr ab. Das kann auch auf der Ebene der Gefühle stattfinden und zu Gefühlskälte führen. Nun hängt die Intensität der Problematik für Xaver auch sehr davon ab, wie sein eigenwilliges Verhalten von der Umgebung reflektiert wird, wie sehr sein Anderssein als Bestandteil der bunten Vielfalt gesehen wird oder ob die anderen es doch eher missliebig betrachten oder sogar ächten.

Die Dinge zu normieren, sie klar, geregelt und für jeden begreifbar zu machen, ist eine angestrebte Grundkraft von Systemen. Somit ist alles, was sich abseits der Konvention bewegt, eine Herausforderung für die bestehende Ordnung, wie es sich im Familien- oder im gesellschaftlichen, kulturellen oder politischen System verkörpert. Jedes System bedeutet stets auch Zugehörigkeit, es bietet eine Heimat. Es existiert so lange, wie sich eine Mehrheit aktiv oder auch nur passiv damit identifiziert. Systeme haben – wie auch Lebewesen – außerdem die Eigenschaft, sich selbst erhalten zu wollen. Somit sind Menschen, die aus der Reihe tanzen – die sich anders verhalten, anders denken und reden, anders kleiden und aussehen, andere Vorlieben haben –, für »alle« anderen zunächst einmal eine Herausforderung. Diese Situation kann eskalieren bis zu gewaltsamer Ausgrenzung. Oder die »Sonderlinge« finden sich in neuen Gruppen zusammen, in denen ihr spezifisches Sein kultiviert wird. Man ist dann gemeinsam anders und lebt zuweilen auch bewusst außerhalb der Gesellschaftsnormen.

Abseits zu stehen und ausgeschlossen zu werden erzeugt deshalb so viel Stress, weil der Mensch ein soziales Wesen ist. Zu seinem Überleben gehört die Kooperation. Grundsätzlich strebt jeder nach Mitwirkung, Zusammenhalt und Anerkennung. Wer hier herausfällt, wird je nach Persönlichkeit und Temperament nach Möglichkeiten suchen, sich diese Aufmerksamkeit anderweitig zu holen, etwa durch heftiges Rebellieren, durch aufsehenerregende Aktionen und die überzogene Zurschaustellung seines Andersseins. Das erinnert an die Pubertät. In dieser Entwicklungsphase vollzieht sich bei einem Jugendlichen im Inneren eine Veränderung, was natürlich auch relevant für das Außen ist. Der pubertierende Jugendliche hat sein bisheriges inneres Kindsystem zu verlassen, ist aber im Erwachsensein noch nicht ganz angekommen und will auch nicht so recht dorthin. Also sucht der Jugendliche nach neuen Wegen, nach Identität und fällt dabei fast immer – zumindest eine Zeit lang – aus dem Rahmen. Wie gut sich der junge Mensch dann in seiner neuen Welt einfindet, wird auch davon abhängen, wie stark das Vertrauen und die Nähe zu seinen Bezugspersonen sind. Vielleicht wird dieses pubertäre Anderssein von ihnen ja verstanden und akzeptiert. Zumindest ist die Toleranzschwelle der anderen in dieser Zeit höher, da die Pubertät als schwierige Phase des Andersseins anerkannt ist. Aber wenn man einmal zwanzig ist, wird das allgemeine Verständnis für pubertäre Ausfälligkeiten bereits stark zurückgegangen sein, und mit vierzig erst recht.

Auf der ersten Seite der Medaille, dem Stressfeld 1, das er als Abseitsstehen definiert, hat Xaver bisher folgende Begriffe notiert: Absonderung, Außenseitertum, Heimatlosigkeit, Beziehungslosigkeit, Isolation. Dann folgt Xaver der Lemniskate nach rechts oben in den ersehnten Gegenpol des Zugehörigseins. In diesem Feld 2 des Tetragramms kann er untersuchen, wie es sich anfühlt, mit anderen in Beziehung zu treten, die Isolation abzustreifen und in einer Gruppe willkommen geheißen zu werden. In diesem Feld herrscht auch Wärme; sie entsteht, wenn Menschen, die etwas gemeinsam haben, nahe zusammenrücken und ihr Leben teilen. Xaver könnte dazu das innere Bild heraufbeschwören, dass die Mitglieder seines Clans rund um ein Feuer sitzen, Neuigkeiten und Gedanken austauschen, gemeinsam essen, feiern und trauern, lachen und weinen. Im Grunde ist es bis heute in den Familien oder Lebensgemeinschaften ähnlich. Alle wissen, wohin sie gehören, wie die Rollen verteilt sind, was die jeweiligen Aufgaben sind. Hier ist man nicht Außenseiter, sondern mittendrin. Die Familie oder Gruppe gibt

Halt und Sicherheit; man gehört dazu. Eine solche Heimat kann im Übrigen auch der Freundeskreis, der Sportverein, das wöchentliche Kaffeekränzchen bieten. Überhaupt unterstützen alle Arten von geselliger privater oder beruflicher Verbindung oder gemeinsam betriebene Hobbys oder auch nur das Zusammensein mit Gleichgesinnten das Gefühl von Zugehörigkeit. Hier schwingt man mit den anderen mit, ist mit ihnen auf gleicher Wellenlänge und fühlt sich mit ihnen in Einklang. Somit liefert das Feld 2 Begriffe wie: dazugehören, Nähe, Wärme, aufgehoben sein, ankommen, Einbettung.

Und wie so oft ist es das Übermaß, das in den Schattenbereich des Sehnsuchtsfeldes führt. Wenn der wärmende Kreis zu eng wird, man keine eigenen Schritte mehr machen kann, einem die gemeinsam aufgestellten Regeln die Luft abschnüren und man nichts verändern darf, dann wird diese schöne Geborgenheit des Feldes 2 umschlagen in erdrückende Nähe. Aus dem harmonischen Mitschwingen wird ein unangenehmer Gruppenzwang; die Ordnung, der man sich zu unterwerfen hat, erscheint irgendwann sinnlos. Im Extrem besteht auch keinerlei Anrecht auf Individualität, und plötzlich wird es ganz und gar ungemütlich, so intensiv mit den Anforderungen und Erwartungen der Gruppe konfrontiert zu sein. Jedenfalls kann es sehr unangenehme Folgen haben, sich zu entziehen. Wobei Xaver sich gerade in diesem Feld nicht entziehen will, sondern immer mit dabei sein möchte. Er fühlt sich dann auf eine für ihn destruktive

Weise weiter zugehörig. Hier besteht also die Gefahr, nur noch im Gleichschritt mit allen anderen zu marschieren, konform zu sein und die eigene Inspiration zu unterdrücken. Xaver könnte sich als Individuum verlieren, wenn er auf diese Weise weiter dazugehören will. Deshalb gehören in dieses Schattenfeld 3 Begriffe wie: erzwungene Anpassung, erdrückende Nähe, Einengung, Konvention, Gruppenzwang, sich verlieren.

Xaver könnte sich mit dem Konfliktpotenzial von »Stammeszugehörigkeit« und »Individuation« (im Sinne von C. G. Jung) auseinandersetzen: Die Stammesgesellschaft fordert und erzwingt Konformität, das sich entwickelnde Individuum aber braucht Freiheit und Freiräume. In vielen asiatischen Ländern steht beispielsweise der Familienname an erster Stelle, und es gibt nur eine minimale Auswahl von Vornamen (in Bali stehen nur vier zur Verfügung!), sodass fast alle Mädchen und Jungen gleich gerufen werden. Immerhin haben sie dadurch die Geborgenheit desselben Namens. Für Individuation gibt es jedoch keinen Raum. Bei uns zählt die Familie immer weniger, und es gibt viel Raum für Individuation und alle möglichen Freiheiten, aber es mangelt an Geborgenheit, Zugehörigkeitsgefühl und Familiensinn.

Sobald ein Pol zu dominant wird, entsteht Leid. Eine liebende Mutter ist die beste Basis für die Entwicklung von Urvertrauen, aus dem später Selbstvertrauen (er)wachsen kann; eine heimelige Familie bietet einem Kind beste Startchancen. Aber in der Pubertät sollte es sich daraus befreien und abnabeln und seiner eigenen Wege gehen, die letztlich über die Individuation zu sich selbst führen. So hat alles seine Zeit, und es gibt für alles ein rechtes Maß.

Es lässt sich schon die Spannung erahnen, die sich zwischen dem Schattenfeld 3 und seinem lichten Gegenpol in Feld 4 aufbaut und Xavers heilsamen Weg der Lemniskate durch das Tetragramm vorantreibt. In Feld 4 findet Xaver eine andere Qualität von Freiheit und Unangepasstheit. Er darf sich als Individualist sehen, als Mensch, der einzigartig ist. Das »Gold im Schatten« besteht hier in Einmaligkeit, Originalität, auch Exzentrik und sogar Genialität. Individualisten wissen um ihren besonderen Status, pflegen ihn und schlagen auch Kapital daraus. Das verstecken sie nicht und leben herausgehoben aus der Masse. Diese Abseitsstellung haben sie bewusst gewählt und verstehen sie sogar als Tugend. Sie kehren Konventionen den Rücken, befreien sich von einschränkenden Regeln und können mit ihrer unbekümmerten Art auch für andere erfrischend, inspirierend und erhebend sein. Xaver könnte in diesem Feld 4 seinen Idealismus beleben, der ihn auf neue Art mit anderen in Verbindung bringt. So findet er hier die erlöste Form von Besonderheit, die sich zur Einmaligkeit erhöht, die nicht nur ihn reicher macht.

Teil 4: Stressfelder im Privat- und Berufsleben

Tetragramm: Abseits stehen ∞ Zugehörig sein

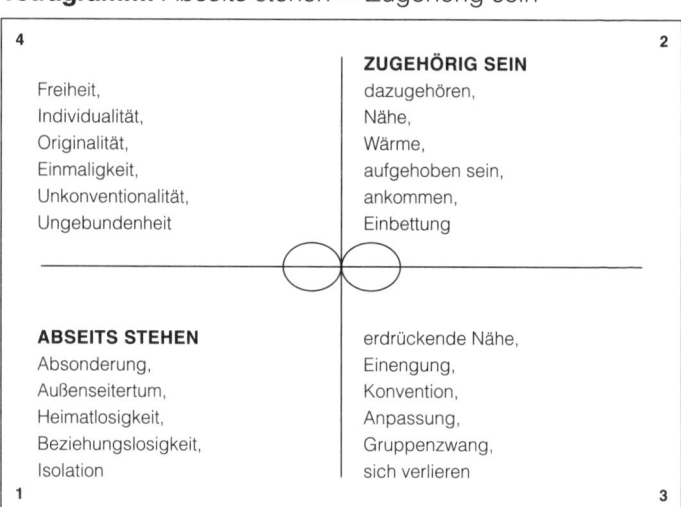

Festhalten ∞ Loslassen

Maria: »Ich will immer mehr und kann einfach nicht loslassen.«

Maria tut sich schwer damit, Dinge, Menschen, Eigenschaften loszulassen und betrachtet dieses Loslassen zunächst als Stressfeld. Doch bald wird ihr klar, dass Loslassen für sie der angestrebte konstruktive Zustand ist und deshalb seinen Platz im Sehnsuchtsfeld 2 hat. Stressauslöser ist für Maria eindeutig das Festhalten, und dazu gehört auch das Habenwollen oder Habenmüssen. An diesem Beispiel zeigt sich wieder, dass es verschiedene Begriffe für ein und dieselbe Grundthematik gibt, und für Maria gilt es, jenen Begriff zu wählen, der ihr am stimmigsten erscheint – anders gesagt, der für sie die größte emotionale Ladung trägt.

Selbst wenn in einer anderen Situation oder für einen anderen Menschen Festhalten etwas Erstrebenswertes ist, erlebt Maria es als destruktives Klammern, auch als Gier und Vereinnahmung. Marias Festhalten ist vollkommen unnötig und stellt für sie eine Belastung dar. Im Zuge der Selbsterforschung spürt sie als Hintergrund ihre Verlust- und auch Existenzangst. Festhalten bedeutet auch, sich nicht in den Lebensfluss zu begeben, ihm nicht zu vertrauen und nicht aus dem Vollen schöpfen zu können. Stattdessen will Maria sich durch Zurückhalten absichern und misstraut der allgegenwärtigen Fülle des Lebens. Sie glaubt nicht, dass für sie Sorge getragen wird. Daraus wiederum kann Gier entstehen oder eine Art von Getriebenheit, sich genügend Anteile zu sichern. Nur bekommt der Gierige nie genug, weil es ihn immer nach noch mehr gelüstet. Ein Teufelskreis, der sogar in die Sucht führen kann – nach mehr Besitz, mehr Geld, mehr Genuss, einfach nach immer mehr von allem, was es zu haben gibt. Letztlich könnte es in krankhafter Besessenheit enden. Hier besitzt dann die Sucht den Süchtigen, der dadurch wie besessen nach noch mehr sucht und dabei unersättlich wird. Das ist beim Thema Geld und Besitz zum Drama der westlichen Gesellschaft geworden, denn immer mehr Menschen sind heute besessen von ihrem Besitz, statt ihn zu besitzen.

Wenn ein Mensch mehr oder weniger stark ausgeprägte Formen des Festhaltens zeigt, leidet wahrscheinlich auch das Umfeld mit, das den Festhaltenden oder Gierigen als übergriffig, einengend oder vereinnahmend erlebt. Arthur Schopenhauer sagte so treffend, es gebe Menschen, die zahlten für Geld jeden Preis. Auch Maria ahnt, dass sie als besitzergreifend und sehr materialistisch eingestuft wird, deshalb wird sie von einigen auch wenig gemocht, von anderen sogar abgelehnt. Sie will diese Belastung nicht länger mit sich herumschleppen; eigentlich weiß sie ja, dass diese Anhaftung an Besitz und seine zwanghafte Vermehrung nicht glücklich machen. Im Gegenteil, die Negativspirale von »Immer mehr haben müssen« lässt in ihr das Gefühl entstehen, niemals genug zu bekommen. Maria hält oft an Beschäftigungen und an einem gesteigerten Konsumverhalten fest, die ihr nur den Anschein von Zufriedenheit verschaffen.

Habenmüssen, Gier, Anhaftung, Vereinnahmung, Existenzangst, Besessenheit sind die Begriffe, die Maria im destruktiven Stressfeld 1 namens Festhalten notiert hat, um sich nun dem Sehnsuchtsfeld 2 zuzuwenden, was in ihrem Fall Loslassen heißt. Hier kann Maria frei werden – zunächst von dem Gefühl, etwas unbedingt haben zu müssen, frei vom Zurückhalten und frei von der zwanghaften Gier nach immer mehr.

Maria kann einen neuen, lockeren Umgang mit dem, was sie besitzt, lernen. Sie wird erkennen, dass etwas viel eher bei ihr bleibt, wenn sie es auch loszulassen versteht.

Der Vogel, den man fliegen lässt und der zurückkommt, ist einem viel mehr wert als jener, den man unter Zwang in einem – wenn auch goldenen – Käfig gefangen halten muss. Ein weiteres Thema von Feld 2 ist folglich die innere Freiheit. Sie offenbart sich, wenn Maria spürt, dass sich die Welt ohne ihr Zutun weiterdreht. Maria muss nicht für alles Vorsorge treffen, alles zusammenraffen, zurückhalten und um jeden Preis vermehren. Es stellt sich Freigebigkeit ein, und Maria wird bald erkennen, dass die Menschen um sie herum ebenfalls mit Freigebigkeit reagieren. Sie wird erleben, wie Erfreuliches ihr entgegenkommt, ihr gleichsam schicksalhaft zugespielt wird und sie ohnehin in ihrer Welt gut aufgehoben ist. Wenn Maria in diesem Pol des Loslassens eingebettet ist, kann sie ein sehr autonomes Leben führen, frei vom Habenmüssen und im Vertrauen darauf, dass sie stets genug hat, weil immer genug da ist. Gandhi sagte einmal sinngemäß, es gebe für alle genug, aber nicht genug für die Gier aller.

Das Beispiel eines Freundes könnte Maria anschaulich machen, was im Übergang vom Pol des Festhaltens zum Loslassen möglich ist. Dieser Freund war als junger Mann auf großer Reise unterwegs, damals noch ohne Mobiltelefon und Kreditkarte. Im hintersten Winkel der Türkei ging ihm das Geld aus, und er verlor seinen Pass. Panik überfiel ihn, denn er war tatsächlich pleite und ohne Aussicht auf Geldnachschub. Eine Quelle eröffnete sich ihm jedoch in der vor Sorge fast durchwachten darauffolgenden Nacht, nämlich jene des vertrauensvollen Loslassens. Daraufhin stellte sich in den nächsten Tagen eine für ihn unglaubliche Freiheit ein. Er war alles los, und dennoch fiel ihm alles zu, was er benötigte, so als würde die Versorgung einer höheren Art in Kraft getreten sein, die genau zu wissen schien, was für ihn wichtig war. Er fand Unterkunft, Essen, soziale Kontakte und Hilfestellung, auch kleine Jobs, die ihm Freude machten. Er blieb sogar noch länger als ursprünglich geplant, und selbst das Problem der Rückreise erledigte sich, denn sie wurde ihm sogar finanziert. Diese Erfahrung der Kraft des vertrauensvollen Loslassens prägte ihn nachhaltig für sein weiteres Leben.

In Marias Fall hat sich das Feld 2 mit Begriffen gefüllt wie: aufgeben, geben, Freisetzung, Erlösung, Autonomie, Zwanglosigkeit. Nun steht sie auf ihrem Weg durch das Tetragramm vor dem Schritt in das Reich des Schattens, wo das Loslassen destruktiv wird. Mit Hilfe innerer Bilder und der Technik des ersten aufsteigenden Gedankens forscht Maria nach dem »Schatten im Gold« von Feld 3.

Wenn ein Bergsteiger bei einer schwierigen Tour einen anderen Bergsteiger sichert, diesem Halt und Schutz gibt, wäre es gefährlich und eventuell sogar tödlich loszulassen. Wenn ein anderer ausrutscht, ist Festhalten stets oberstes Gebot. Jemand loszulassen, der Halt benötigt, kann schlimme Konsequenzen haben. Wenn die Elektronen, die von der Anziehung des Atomkerns gehalten werden, losließen, zerfiele unser Weltengefüge. Und wenn uns die Gravitation nicht festhielte, erginge es uns wie Major Tom in dem Song *Space-Oddity* von David Bowie, der für seine

Bodenstation unerreichbar in die Weite des Alls entschwebt. Auch im normalen Alltagsleben und menschlichen Miteinander wäre es fatal, sich allzu sehr gehenzulassen, nicht an sich zu halten und nur noch emotional zu zerfließen. Wer sich von allen Konventionen löst, läuft Gefahr, abzudriften und sozial keinen Anschluss mehr zu finden. Würde Maria all das loslassen, worauf sie gerade noch gebaut hat und was ihr Leben ausmacht, käme es zu einer starken Verunsicherung in ihrem Umfeld, vor allem bei den Menschen, die Maria nahestehen. Falls Maria Schutzbefohlene hätte, wäre es geradezu verantwortungslos, alles loszulassen und sich um nichts mehr zu kümmern. Seinen ganzen Besitz zu verspielen ist auch ein Loslassen. Aber wenn die Familie dann vom Gerichtsvollzieher vor die Tür gesetzt wird, wäre es ein erzwungenes, schädliches Loslassen. Hier zeigt sich wieder die Nähe von Loslassen und Verantwortungslosigkeit, und im Feld 3 hat Maria unter anderem folgende Begriffe aufgelistet: sich gehenlassen, Haltlosigkeit, Unverantwortlichkeit, Beliebigkeit.

Im vierten Feld des Tetragramms lässt sich nachvollziehen, wie sich das Festhalten zu etwas Konstruktivem wandelt. Das fällt wahrscheinlich all denen nicht schwer, die das Festhalten als Teil einer sinnvollen Überlebensstrategie begreifen, etwa die bereits erwähnte Seilschaft am Berg. Außerdem lässt sich nichts dagegen einwenden, an nützlichen Überzeugungen, an motivierenden Visionen und erfolgversprechenden Plänen oder an einem erfüllenden Beruf festzuhalten. Das Festhalten an Werten hält im Kleinen eine Gruppe und im Großen eine Gesellschaft zusammen. Regel und Gesetze bieten Halt. Lösen sie sich auf, können Chaos und Desorientierung auch die betreffende Gruppe auseinanderbringen.

Bevor Maria etwas festhalten kann, muss sie es meist erst in Besitz nehmen. Es kann positiv sein, etwas für sich und andere zu bewahren und zu erhalten, das einem übertragen, vererbt oder anvertraut wurde. Besitzen und bewahren ermöglicht, für sich und andere zu sorgen und materielle Sicherheit zu gewährleisten. Darüber hinaus bezieht es sich auf die Pflege und Weitergabe von Wissen und Erfahrungen. So finden sich im Feld 4 die Begriffe: Sicherheit, Geborgenheit, materielle Absicherung, besitzen, innehaben, bewahren.

Tetragramm: Festhalten ∞ Loslassen

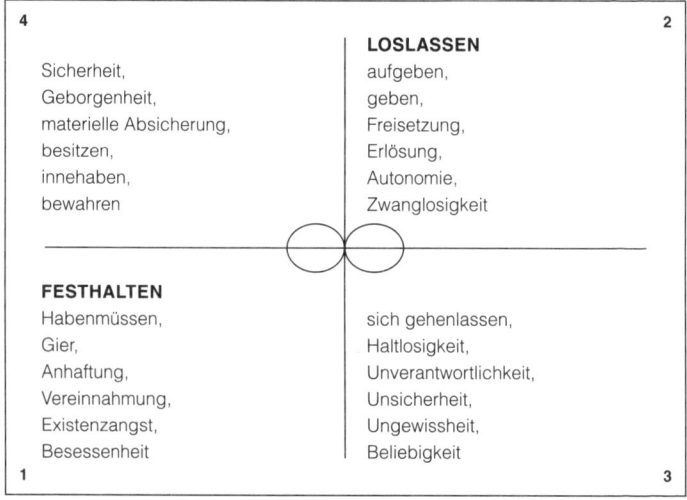

Im Entwicklungskreis

Es schließt sich mit diesem letzten Fallbeispiel für uns der Kreis und umspannt nun alle vier Seiten der Medaille, macht alles rund und zugleich jeden Teil des Tetragramms wichtig und anerkennenswert, schließt nichts aus und wertet nicht. Somit sind sowohl der Kreis als auch der Mittelpunkt selbst jeweils Symbol für jenen Ort, von dem aus alle Wege offen stehen und möglich sind. Stets ist es die Mitte, die Sie in sich finden, von der aus Sie bewusst die Wahl treffen können, in welches der vier Felder Sie blicken, welches Sie beschreiten und in welchem Sie verweilen möchten. Je besser Sie die Balance aller vier Seiten in sich selbst finden, umso mehr wird sie sich im Außen widerspiegeln und somit zu einer entspannten Betrachtungsweise führen. Die Beispiele dieses vierten Buchteils konnten Ihnen sicher eine Ahnung vermitteln, welch enorm großes Potenzial an Wachstumschancen, Stärke und Gelassenheit jedem Menschen in allen möglichen Lebenslagen jederzeit zur Verfügung steht.

Zu allen zwölf Stressfeldern könnten wir noch unzählige Beispiele präsentieren. Doch an den von uns gewählten Varianten hoffen wir, das Prinzip der *4 Seiten der Medaille* so klar und deutlich gemacht zu haben, dass Ihnen die vielen weiteren Möglichkeiten und Lösungen wie reife Früchte von selbst zufallen.

Anhang

Tetragramm: Kopiervorlage

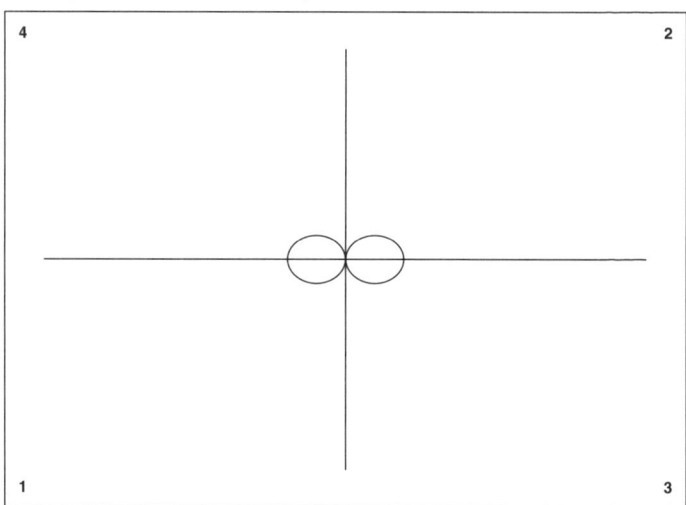

Tetragramm: Kopiervorlage

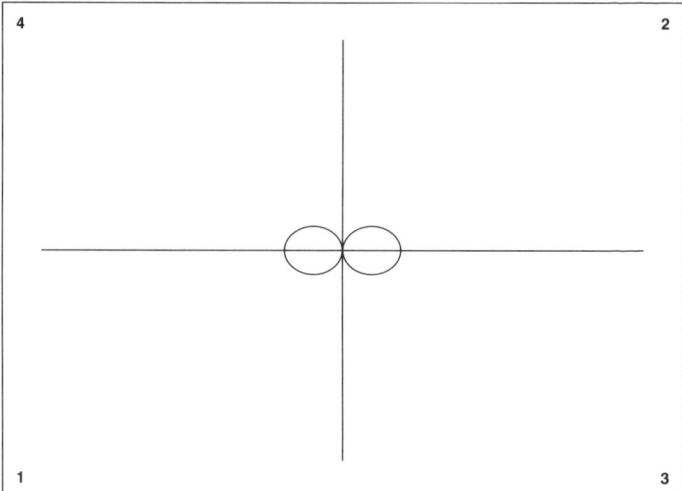

Literatur

Veröffentlichungen von Ruediger Dahlke

Neuerscheinungen
Das Geheimnis der Lebensenergie in unserer Nahrung. Arkana, 2015 • *Veganize your life!* (mit Renato Pichler). Riemann, 2015 • *Peace Food – Vegan einfach schnell.* GU, 2015 • *Vegan schlank.* GU, 2015 • *Bewusst Fasten.* Urania, 2015 • *Wenn wir gegen uns selbst kämpfen.* Goldmann, 2015.

Grundlagenwerke
Die Schicksalsgesetze. Arkana, 2009 • *Das Schatten-Prinzip.* Arkana, 2010 • *Die Lebensprinzipien* (mit Margit Dahlke). Arkana, 2011 • *Die Kraft der vier Elemente* (mit Bruno Blum). Crotona, 2011 • *Das senkrechte Weltbild* (mit Nicolaus Klein). Ullstein, 2005.

Krankheitsdeutung und Heilung
Krankheit als Symbol (22., völlig überarbeitete und ergänzte Auflage). C. Bertelsmann, 2014 • *Krankheit als Chance.* GU, 2014 • *Endlich wieder richtig schlafen.* Arkana, 2014 • *Angstfrei leben.* Goldmann, 2013 • *Schattenreise ins Licht.* Gold-

mann, 2014 • *Seeleninfarkt. Zwischen Burn-out und Bore-out.* Goldmann, 2013 • *Burnout? Schnelltest & Erste Hilfe.* Integral, 2012 • *Krankheit als Sprache der Seele.* Goldmann, 2008 • *Krankheit als Weg* (mit Thorwald Dethlefsen). Goldmann, 2000 • *Frauen-Heil-Kunde* (mit Margit Dahlke und Volker Zahn). Goldmann, 2003 • *Aggression als Chance.* Goldmann, 2006 • *Krankheit als Sprache der Kinderseele* (mit Vera Kaesemann). Goldmann, 2010 • *Herz(ens)probleme.* Goldmann, 2011 • *Das Raucherbuch.* Goldmann, 2011 • *Verdauungsprobleme* (mit Robert Hößl). Knaur, 2001.

Weitere Deutungsbücher

Das Buch der Widerstände. Arkana, 2014 • *Die Spuren der Seele* (mit Rita Fasel). GU, 2010 • *Der Körper als Spiegel der Seele.* 2009 (www.heilkundeinstitut.at) • *Woran krankt die Welt?* Goldmann, 2009 • *Die Psychologie des Geldes.* Goldmann, 2011.

Krisenbewältigung

Lebenskrisen als Entwicklungschancen. Goldmann, 2002 • *Von der großen Verwandlung.* Crotona, 2011 • *Mythos Erotik.* Scorpio, 2013 • *Die Liste vor der Kiste.* Terzium, 2014.

Gesundheit und Ernährung

Peace Food. GU, 2011 • *Peace Food –Das vegane Kochbuch.* GU, 2013 • *Vegan für Einsteiger.* GU, 2014 • *Peace Food – Vegano-Italiano.* GU, 2014 • *Richtig essen,* überarbeitete Ausgabe 2011 (www.heilkundeinstitut.at) • *Das große Buch vom*

Fasten. Arkana, 2008 • *Die Notfallapotheke für die Seele.* Goldmann, 2009 • *Mein Programm für mehr Gesundheit.* Südwest, 2009 • *Von Mittagsschlaf bis Powernapping.* Nymphenburger, 2011 • *Ganzheitliche Wege zu ansteckender Gesundheit.* Co'med 2011, www.heilkundeinstitut.at • *Sinnlich fasten* (mit Dorothea Neumayr). Nymphenburger, 2010 • *Essens-Glück.* Schirner, 2010 • *Meine besten Gesundheitstipps.* Heyne, 2008 • *Fasten: Das 7-Tage-Programm.* Südwest, 2011 • *Das kleine Buch vom Fasten.* Südwest, www.heilkundeinstitut.at 2011 • *Die wunderbare Heilkraft des Atmens* (mit Andreas Neumann). Heyne, 2009 • *Störfelder und Kraftplätze.* Crotona, 2013.

Meditation und Mandalas
Mandalas der Welt. Goldmann, 2012 • *Reisen nach Innen.* Allegria, 2004 • *Schwebend die Leichtigkeit des Seins erleben.* Schirner, 2012 • *Arbeitsbuch zur Mandala-Therapie.* Schirner, 2010 • *Mandala-Malblock.* Neptun 1984, www.heilkundeinstitut.at • *Das Geheimnis des Loslassens* (Tischaufsteller), GU, 2013.

Worte der Weisheit
Weisheitsworte der Seele. Crotona, 2012 • *Wage dein Leben jetzt!* (www.heilkundeinstitut.at) • *Worte der Dankbarkeit und des Vertrauens.* Schirner, 2011 • *Habakuck und Hibbelig* (Roman). Allegria, 2004.

Geführte Meditationen

(CDs: www.heilkundeinstitut.at – Downloads: Arkana Audio und Integral)

Grundlagen: *Das Gesetz der Polarität* • *Das Gesetz der Anziehung* • *Das Bewusstseinsfeld* • *Die Lebensprinzipien (12 CD-Set)* • *Die 4 Elemente* • *Elemente-Rituale* • *Schattenarbeit*.

Krankheitsbilder: *Allergien* • *Angstfrei leben* • *Ärger und Wut* • *Depression* • *Frauenprobleme* • *Hautprobleme* • *Herzensprobleme* • *Kopfschmerzen* • *Krebs* • *Leberprobleme* • *Mein Idealgewicht* • *Niedriger Blutdruck* • *Rauchen* • *Rückenprobleme* • *Schlafprobleme* • *Sucht und Suche* • *Tinnitus und Gehörschäden* • *Verdauungsprobleme* • *Vom Stress zur Lebensfreude*.

Allgemeine Themen: *Der innere Arzt* • *Heilungsrituale* • *Ganz entspannt* • *Tiefenentspannung* • *Energie-Arbeit* • *Entgiften – Entschlacken – Loslassen* • *Bewusst fasten* • *Den Tag beginnen* • *Lebenskrisen als Entwicklungschancen* • *Partnerbeziehungen* • *Schwangerschaft und Geburt* • *Selbstliebe* • *Selbstheilung* • *Traumreisen* • *Mandalas* • *Naturmeditation* • *Visionen*.

Kindermeditationen: *Märchenland* • *Ich bin mein Lieblingstier*.

Weitere geführte Meditationen und Übungen auf CD

(www.heilkundeinstitut.at)

7 Morgenmeditationen • *Die Leichtigkeit des Schwebens* • *Die Psychologie des Geldes* (Übungen) • *Die Notfallapotheke für die Seele* (Übungen) • *Die Heilkraft des Verzeihens* • *Eine Reise nach Innen* (Ariston) • *Erquickendes Abschalten mittags und abends* • *Schutzengel-Meditationen*.

Hörbücher
(www.heilkundeinstitut.at)
Körper als Spiegel der Seele • *Von der großen Verwandlung* • *Krankheit als Weg* • *Die Spuren der Seele – was Hand und Fuß über uns verraten.*

Vorträge auf CD zu allen Buchthemen und mehr
Über: www.heilkundeinstitut.at

Filme
(www.heilkundeinstitut.at)
Unser Biogarten • *Ruediger Dahlke – ein Leben für die Gesundheit* • *Am Anfang war das Licht* • *Awake* • *Der Heiler* • *Hesse – sein erstes Paradies.*
Die Schicksalsgesetze – die Suche nach dem Masterplan (Arenico, 2014).

Videobücher
(www.heilkundeinstitut.at)
DVD-Trilogie: *Die Schicksalsgesetze – Spielregeln fürs Leben, Das Schattenprinzip und Lebensprinzipien* (animierte Vortrags-Lehrprogramme)
DVD-Lehrprogramm: I. *Geistige Gesetze* – Spielregeln für ein glückliches Leben • II. *Krankheitsbilder* – Sprache der Seele und ihre Bedeutung • III. *Integrale Medizin* – Therapien aus ganzheitlicher Sicht • IV. *Vegan* • V. *Fasten.*

Adressen

Informationen zu Seminaren, Ausbildungen, Trainings, Vorträgen
Heil-Kunde-Institut Graz
Oberberg 92, A-8151 Hitzendorf
Internet: www.dahlke.at; E-Mail: info@dahlke.at

Seminar- und Gesundheits-Zentrum TamanGa
(25 Minuten vom Airport Graz)
Fasten-Wochen und Sommerakademie-Seminare mit Ruediger Dahlke: DaSeinsZeit
Labitschberg 4, A-8462 Gamlitz
Internet: www.taman-ga.at

Informationen zur Arbeit von Ruediger Dahlke
www.dahlke.at
Dahlke-Seminar-Zentrum: www.taman-ga.at
Webshop: www.heilkundeinstitut.at

www.4seiten.com
- Ausbildungen und Fortbildungen zu den 4 Seiten der Medaille
- Höranleitungen zur Integration und Fragen als Download
- Vortrags- und Seminartermine
- Verzeichnis der 4 Seiten Coaches
- Telefon-Coaching mit den 4 Seiten der Medaille

Das große Werk zu den zentralen Bausteinen des Lebens

736 Seiten. ISBN 978-3-442-33893-1

Ruediger Dahlke präsentiert die zwölf Ursprungsprinzipien, auf die sich alle Phänomene des Lebens zurückführen lassen. Aus diesen Archetypen können wir vieles über uns und den Kosmos lernen. Ruediger Dahlke zeigt, wie wir die Lebensprinzipien nutzen können, um im Einklang mit unserem Inneren und unserer Umwelt zu leben, Krankheiten vorzubeugen und Heilung zu erfahren.

Im Einklang mit den vielen Facetten der Seele

320 Seiten. ISBN 978-3-442-33881-8

Der Erfolgsautor Ruediger Dahlke nimmt uns mit auf eine Reise in das Schattenreich der menschlichen Seele. Wenn wir uns mit unseren verborgenen und ungelebten Seiten aussöhnen, können wir unser Potenzial entfalten und ganz werden.

Mit zahlreichen Übungen und Meditationen auf CD

Das Meisterwerk über Lebensweisheit

368 Seiten. ISBN 978-3-442-33856-6

Ruediger Dahlke beleuchtet alle geistigen Gesetze des Lebens. Wer diese Regeln kennt, lebt im Einklang mit dem Kosmos und kann sich unnötiges Leid ersparen. Ein Buch für alle, die den Weg zu einem tiefen Verständnis unseres Daseins entdecken wollen.